把话说到别人心坎里

王 迪 编著

辽海出版社

图书在版编目（CIP）数据

把话说到别人心坎里 / 王迪编著 . —沈阳：辽海出版社，2017.10
ISBN 978-7-5451-4427-7

Ⅰ.①把… Ⅱ.①王… Ⅲ.①语言艺术—通俗读物 Ⅳ.① H019-49

中国版本图书馆 CIP 数据核字（2017）第 249649 号

把话说到别人心坎里

责任编辑：柳海松
责任校对：顾　季
装帧设计：廖　海
开　　本：630mm×910mm
印　　张：14
字　　数：175 千字
出版时间：2018 年 3 月第 1 版
印刷时间：2018 年 3 月第 1 次印刷

出版者：辽海出版社
印刷者：北京一鑫印务有限责任公司

ISBN 978-7-5451-4427-7　　　　　定　价：68.00 元
版权所有　翻印必究

前　言

会说话才会有好人缘,不会说话的人很难有好人缘。这既是一个社会现实,也是现代心理学、人际关系学揭示出来的一个基本道理。

著名的人际关系学大师戴尔·卡耐基说过:"良好的口才,可以让人倾心于你,结交更多的朋友,替你开辟人生之路,让你获得幸福美满。"现代人际心理学也告诉我们:"决定他人与你继续交往下去的决定因素就在于你和他初次见面的10分钟的交谈。"因此,我们必须高度重视与人初次交谈的重要性,掌握与他人沟通的基本技巧,在短短的对话中充分展示自己的智慧和才华,表现自己的诚意和气质,让他人觉得你可信可爱,可谈可交,在不经意间缩短双方心灵的距离,促进彼此间的交流,增进双方的情谊,结下好的人缘,为进一步交往奠定良好的基础。

同样是一件事,有好口才的人会把它办好,而没有好口才的人却可能会弄糟;同样是一个人,会说话的人会让对方立刻变成朋友,使之成为自己人脉关系中的一员,而不会说话的人即使内心想与他人结识,但由于不善于交谈而只能就此作罢,永远做不成朋友,或者由于不懂说话的艺术而一开口就把人得罪了,被别人拒之于门外。为了让我们有好人缘,我们必须掌握说话的艺术,熟悉沟通的技巧,让自己有一副好口才。

好口才不是天生的,它更多地是来自于我们后天的学习和实践。只要我们肯下功夫练习,掌握好说话的基本功,通晓沟通的技巧,理解语言的艺术,发挥语言的力量,我们每个人都能够成为说话高手和语言大师。当然,要做到这一点,离不开对古今中外成功经验的借鉴,离不开对有关理论和技巧的学习,而本书就是我们借鉴和学习的最佳参考工具。

"工欲善其事,必先利其器。"朋友,为了让自己在这个竞争激烈的社会有更好地发展,就让我们从现在开始,一起阅读此书,努力提高理论素养,提升沟通技能,掌握沟通艺术,让自己成为一个会说话,拥有杰出口才的人。

目 录

第一章 开口留下第一印象

第一印象很重要 …………………………………… 2

第一句话要说好 …………………………………… 3

自我介绍的语言技巧 ……………………………… 5

掌握寒暄的语言技巧 ……………………………… 6

在交谈中展现人格魅力 …………………………… 8

得体称呼是好的见面礼 …………………………… 10

交谈需要找个好话题 ……………………………… 13

板着面孔说话不可取 ……………………………… 15

小节会影响说话形象 ……………………………… 16

让对方感到自己被肯定 …………………………… 18

第二章 把话说到对方的心坎上

猜透对方心思再说话 ……………………………… 22

说话一定要有的放矢 ……………………………… 25

说话别只顾着自己说……………………………… 27
交谈之前，先了解对象……………………………… 29
说话时，注意听者的表情…………………………… 31
说话要揣摩对方的心理……………………………… 35
于细微之处下功夫…………………………………… 37
从语言去了解对方的想法…………………………… 39

第三章　好的态度是交流的第一要素

态度是谈话进行的前提……………………………… 44
学会说话的基本礼仪………………………………… 46
说话同时也需要宽容的心态………………………… 50
以谦虚的态度来交谈………………………………… 53
用心倾听他人的诉说………………………………… 54
注意自己说话的语境………………………………… 60
不妨多说几句"谢谢"……………………………… 61
让你的语言发自内心………………………………… 63
让别人愿意听你说话………………………………… 64

第四章　注意说话分寸，说话恰到好处

说话要顾及场合……………………………………… 68
说话的火候须把握好………………………………… 70

不要过分地自以为是……………………………… 72

直话不妨绕着弯说………………………………… 74

说话须给自己留有余地…………………………… 76

一定要拿捏好说话的分寸………………………… 78

玩笑可以开，不可过头…………………………… 79

别人的痛处一定不能踩…………………………… 81

要充分考虑别人的感受…………………………… 82

把握说话的最佳时机……………………………… 84

学会避免无谓的争论……………………………… 89

第五章　充实你的口才资本

注意提升自己的内涵……………………………… 92

不断扩展自己的知识……………………………… 93

借阅读来丰富谈话内容…………………………… 95

充实自己的人生阅历……………………………… 97

提升自己的综合能力……………………………… 99

找到对方感兴趣的话题…………………………… 101

通过多种渠道了解对方…………………………… 103

找准他人与你的契合点…………………………… 105

巧妙推开"寒暄"之门…………………………… 107

第六章 给自己的语言加点温度

感人心者,莫先乎情 ············ 112

学会真诚地赞美他人 ············ 114

让你的语言显得温情脉脉 ············ 116

善于讲点人情话 ············ 117

加热一下语言温度 ············ 120

尊重别人才能让人尊重 ············ 123

说话要打好"感情牌" ············ 125

真诚语言易让人认同 ············ 127

善于表达你的真诚 ············ 130

第七章 言辞达意才能沟通无碍

说话要突出重点 ············ 134

语言要条理清晰 ············ 135

语言要尽量简洁 ············ 137

注意精心用字遣词 ············ 138

说好你的结束语 ············ 140

让谈话留有余韵 ············ 142

措词要因人而异 ············ 144

说话要情理通融……………………………………… 145

注意语言的选择…………………………………… 147

适时适度地提出问题……………………………… 149

善于运用字眼的力量……………………………… 150

第八章 把自己的口才变成一门艺术

说话要善用语气…………………………………… 154

恰当地运用语调…………………………………… 157

控制好说话的节奏………………………………… 159

建立自己的说话风格……………………………… 162

让自己的语速更完善……………………………… 163

练就悦耳动听的声音……………………………… 165

说话内容要简洁优美……………………………… 167

不良的说话习惯碰不得…………………………… 170

说话时要注意面部表情…………………………… 174

第九章 掌握沟通技巧，对话才能顺利

要沟通就得寻求同步……………………………… 178

"提问法"的话题展开法…………………………… 181

通晓打破冷场的技巧……………………………… 182

有时候听比说更重要……184

掌握积极倾听的艺术……186

学习将错就错的应变技巧……188

见什么人说什么话……190

说话要考虑对方的特征……193

避开交流的七个误区……195

学会进行点滴"渗透"……198

第十章 幽默会让你到处受欢迎

幽默能够拉近人的距离……202

幽默让沟通更为畅通……203

幽默的开头让人容易接受……206

幽默使人更具影响力……209

灵活运用自嘲艺术……211

巧用幽默来增强感情……212

第一章　开口留下第一印象

　　话不投机半句多。与他人交往，如果一开口就给对方留下不好的印象，别人就会对你产生反感，从内心拒绝与你进行交往。相反，如果把第一句话说好，就会让别人产生好感，就能让别人从内心欢迎你，消除陌生感，从而把交谈顺畅地进行下去，结下深厚的情谊。

第一印象很重要

印象是一个人的某些特征在他人头脑中留下的迹象。而第一印象,是在与人初次接触时给对方留下的形象特征,心理学上称为"首因效应"。著名演讲家谭尔·贾耐基说:"最近,我在纽约参加过一个宴会,中间有一位少女,她在不久之前得到了一笔巨额的遗产,所以她就花了大量的金钱,把自己从头到脚装饰得十分华丽。她为什么要这样做呢?无疑的,她是想使宴会中的宾客,每个人对她都有一个好印象。可是,不幸得很,她的衣饰是足够富丽了,但是,她的一副面孔,十分深沉,有着一股凌人的傲气,令人看了无论怎么也不会生出愉快的感情来。她只知道在自己的服饰上用工夫,而忘掉了人最要紧的是面部的表情。"

确实,一个人有着一张笑脸,那是谁都欢迎的,如果老是一张哭丧脸,那么无论服饰怎么富丽,也会使人讨厌。这情形不单关于女人,凡是男女老幼,都是一个样的。两个孩子,一个天真烂漫,十分快乐,一个愁眉蹙额,老是一副哭丧相,试问你喜欢哪一个孩子呢?

第一印象在人际交往中所产生的定势效应有很大的稳定性,一个人留给他人的第一印象就好像深刻的烙印,很难改变。

良好的第一印象是成功交往、创建和谐人际关系的良好开端。因此在与人的初次交往过程中,要注意给人以良好的第一印象。该怎么做呢?

首先,礼貌待人,主动热情。礼貌待人要求用语礼貌,使用"请""谢谢您""对不起"等日常礼貌用语,这既是对别人的尊重,也是对自己的尊重。另外还要举止得体,坐有坐相,站有站姿,不忸怩作态,也不随意放肆。主动热情要求在交往中表现为喜欢、赞美和关注他人。

其次,积极求同,缩短距离。人际交往中有个重要的原则:相似性原则。双方只要在兴趣、爱好、观点、志向,甚至年龄、籍贯、服饰等方面有相同之处,可以缩短彼此间的距离,消除陌生感。因此,初次交往积极寻求接近的共同点,会给人留下良好的第一印象。

最后,了解对方,记住特征。与人初次交往之前,如有可能要尽量了解对方的情况,作为相识和交谈的基础。譬如:你了解到对方喜欢养花,那你就可以在谈话时说些有关养花的逸闻趣事,对方一定对你的谈话感兴趣。

第一句话要说好

俗话说:"酒逢知己千杯少,话不投机半句多。"有的人相处一辈子却形同路人,无话可说;而有的陌生人却一见如故,相见恨晚。两个萍水相逢的人要想在短暂的时间内,达到心灵上的共鸣,说好第一句话至关重要。一个好的开场白会让谈话顺畅地进行下去。

和陌生人交往时,说的第一句话要给人亲热、友善、贴心的感觉。快速消除彼此间的陌生感,拉近彼此的距离。最常用的方式就是攀认式。可以攀亲友、攀老乡,等等。生活在社会中,每个人都会有自己的关系网,只要彼此留意,就能够发现双方有着这样或者那样的交叉点,找到了交叉点,就能迅速消除陌生感。

赤壁之战中,鲁肃见诸葛亮的开场白是:"我,子瑜友也。"

子瑜，就是诸葛亮的哥哥诸葛瑾，他是鲁肃的忘年之交。短短的一句话就拉近了鲁肃跟诸葛亮之间的关系。

"你是××大学室内设计专业毕业的？我也是，你是哪一届的，应该是我师哥吧？"既然是校友，又是同一个专业，陌生感自然就减少了很多。

"你也是杭州人啊，真是老乡见老乡，两眼泪汪汪啊。听到这熟悉的乡音，真让我激动啊！"

这种互相攀认式的谈话方式很容易让人在短时间内产生一见如故的感觉，从彼此的共同点出发，可以顺利地展开谈话。

敬慕式的谈话方法给人一种贴心的感觉。对陌生人的才华、能力表示敬重、仰慕，这是热情有礼的表现。不过要注意掌握分寸，敬慕要恰到好处，不能胡乱吹捧，否则会让对方产生厌恶感。

"您的作品我非常喜欢，每一本著作我都买来收藏，受益匪浅。今天能在这里见识您的风采，真是荣幸！"

"今天是国庆节，在这个特殊的日子里，能够有幸采访您这位开国元勋，的确很荣幸。"

"以前只在电视和杂志上见到过您的美貌，今天能一睹您的芳容，真是明白了何为倾国倾城啊。"

真诚的问候给人一种亲切、友善的感觉。问候是生活中不可或缺的因素，好的问候能快速拉近陌生人之间的距离。一句问候语往往包含了三种含义：我把尊重送给你；我把亲切送给你；我十分珍惜我们之间的友谊。

把"您（你）好"作为向对方问候致意的常用语，并且要根据对象、时间、场合的不同而使用不同的问候语。对德高望重的长者，要表示尊敬，应说"您老人家好"；对年龄跟自己相仿者，称"你好"，显得亲切。还可以根据对方的职业来称呼，如"李医生，您好""王老师，您好"。节日期间，说"中秋快乐""新年好"，给人以祝贺节日之感。

正所谓"万事开头难",和陌生人交往时,说好第一句话也是一件不简单的事情。这句话要传递出你的热情、友善,并且能激起对方的谈话兴趣。这就为顺利进行交流奠定了良好的基础。

自我介绍的语言技巧

自我介绍,在一般情况下就是把自己的情况介绍给陌生的交际对象。如姓名、身份、职业、特长等,意在使对方了解自己,尽可能为自己提供方便,并与对方建立联系。人们初次见面,都会产生一种了解对方并渴望得到对方尊重的心理,及时简明的自我介绍,可以满足对方的这种渴望,对方也会以礼相待,作自我介绍。

在日常生活和工作中,人与人之间需要进行必要的沟通,以寻求理解、帮助和支持。自我介绍是最常见的与他人认识沟通、增进了解、建立联系的方式。在社交活动中,想要结识某人,而又无人引见,可以向对方作自我介绍。自我介绍的内容,可根据实际的需要、所处的场合而定,要有鲜明的针对性。在某些公共场所和一般性社交场合,自己并无与对方深入交往的愿望,作自我介绍只是向对方表明自己的身份。这样的情况只需介绍自己的姓名,如:"您好,我叫王海"或"我是王海"。有时,也可对自己姓名的写法做些解释,如"我叫陈华,耳东陈,中华的华"。如果因公务、工作需要与人交往,自我介绍应包括姓名、单位和职务,无职务可介绍从事的具体工作。如"我叫王海,是荣发公司的销售经理"。

在社交活动中,如果希望新结识的对象记住自己,作进一步沟通与交往,自我介绍时除姓名、单位、职务外,还可提及与对方某些熟人的关系或与对方相同的兴趣爱好。

进行自我介绍,要简洁清晰,充满自信,态度要自然、亲切、随和,语速要不快不慢,目光正视对方。在社交场合或工作联系时,自我介绍应选择适当的时间,当对方无兴趣、无要求、心情不好,或正在休息、用餐、忙于处理事务时,切忌去打扰,以免尴尬。若在讲座、报告、庆典、仪式等正规隆重的场合向出席人员介绍自己时,则应简短又细致地介绍自己。

"我叫柴××,是哈尔滨工业大学机械专业1968年的毕业生,1981年又在省电大学习工业管理,获本科文凭。

"从1970年起我就在××汽车制造厂油泵车间当技术员,1980年晋升为工程师。从1983年起直到现在,承包厂服务公司的汽车修理厂。这些年来,我一直研究国内外关于机械加工方面的先进技术,对汽车油泵的品种、规格、型号、质量、工艺流程、销售情况比较熟悉,有一定的管理经验。我今年45岁,正是年富力强的时期,很想干一番事业。我个人做事果断,敢于拍板,敢于负责。只要给我一定的时间,比如说10天吧,就能把全部情况弄清楚,拿出办厂的具体方案,提出上缴利润的指标。"这是某汽车油泵厂的柴××同志在投标时所作的自我介绍,较为具体详尽,既全面介绍了自己的学历、经历、兴趣、专长、能力和性格,又表示了自己的愿望和信心,因而赢得了招标单位的初步信任,为后来的中标打响了第一炮。

 ## 掌握寒暄的语言技巧

寒暄又叫打招呼,是人与人建立语言交流的方法之一,是交谈的润滑剂,它能使朋友在某种场合心领意会,让不相识的人相互认识,使不熟悉的人相互熟悉,把单调的气氛活跃起来,

为双方进一步攀谈架设友谊的桥梁。

1984年9月，中国与英国关于香港问题的第22轮会谈在钓鱼台国宾馆开始了。

中方代表周南和英方代表伊文思相遇并寒暄起来。

周南说："现在已经是秋天了，我记得大使先生是春天前来的，那么就经历了三个季节了：春天、夏天、秋天——秋天是收获的季节啊。"

这是发生在中英关系史上的一次重要谈判，时间是1984年秋季——达成协议的关键时刻。内容是我国对香港主权的收复问题。

周南在这次轻松的寒暄中，运用暗示、双关的手法，巧妙利用交际的时令特征，即秋天的特点及其象征意义——成熟与收获，将我方诚恳的态度和希望以及坚定的决心，含蓄委婉地表达了出来。

这种寒暄意味深长，具有强烈的针对性和灵活的策略性，无穷之意尽在言外。

在我们日常生活中，寒暄的主要形式有以下几种：

路遇式寒暄。就是在路途上或一些公共场所里遇到熟人，顺便打个招呼。一种是对经常见面的熟人，握握手，说句"你好""上班去呀"，在路上骑车相遇，相互点点头，微笑一下，摆摆手，不用下车，擦肩而过。另一种是在路上遇到较长时间没有见面的熟人，这时不可以点头再过，要停下来，多说几句。如有急事要办，则要与对方说清楚再离开，这是人际交往的基本常识。

会晤前的寒暄。如约见了面，或客人来了后，在交谈正题之前的问候。一种是常见的也是最起码的问候方式，如"您好""请进""请坐"等。另一种是特殊情况的问候方式，如对病人、老人、师长、好友，或是遇到大病初愈、长途旅行、身遭不幸等情况，寒暄问候则要格外体贴入微，暖人心扉。

寒暄的内容主要有以下几类：

关怀式寒暄。这是常见的寒暄方式，真挚深切的问候，对于加深人际间的感情，有着重要的作用。

激励式寒暄。就是在寒暄的几句话中，给人以鼓舞和力量。几句寒暄，就能给人以很大的激励。

幽默式寒暄。寒暄中加点幽默诙谐的成分，对协调交际气氛是很有效果的，人际间良好的沟通与深切的友谊就是在这幽默的寒暄中间建立起来的。

夸赞式寒暄。无论谁清早起来，接连听到几个诸如"您起得好早啊""您身体越来越好啦"的赞美式寒暄，一定会感到这一天心情格外舒坦愉快。夸赞式寒暄也要讲点技巧，其中之一就是夸赞的内容最好要具体一些，这样才能产生较大的作用。

在寒暄中，应注意以下几点：

1. 要注意对象。寒暄要因人而异，不要对谁都是一个调。
2. 要注意环境。在不同的环境，要进行不同的寒暄。
3. 要注意适度。寒暄要适可而止，过多的溢美之词则会给人以虚伪客套之感。

总之，恰当的寒暄，能给不快的人以安慰，给久别重逢的人以关怀，给邻里亲友以欢乐，并由此沟通感情，联络友谊，促使人际交往达到水乳交融的佳境。

# 在交谈中展现人格魅力

人格魅力是一个人内在气质的表现，包括性格、学识、修养等很多方面。一个人的魅力往往可以通过言谈体现出来，在谈话中尽情展现人格魅力，能够赢得听者的依赖与佩服。在和陌生人的初次交谈中，能够充分地展现你的魅力，可以给对方

留下美好的印象,为以后的交往奠定良好的基础。如何在初次交谈中展现你的人格魅力呢?

1. 展现豁达开朗的个性

豁达开朗的人往往更有亲和力,更能赢得别人的好感。

一位老头在乘船时,听一些旅游者讲起关于在鱼肚子里发现珍珠宝物的故事。他凑上前去语重心长地说:"我给你们讲一个真实的故事吧。我年轻的时候,曾和一位漂亮的女演员谈过恋爱。后来,我到国外留学,回国之前,为了给女朋友一个惊喜,我特意买了一枚钻石戒指。然而半路上得知,她已经另觅新欢,和某男影星结了婚。我一气之下把戒指扔进了大海。回国后的一天,我在一家餐馆喝闷酒,鱼端上来了,我心烦意乱地塞进嘴里,刚嚼了两下,忽然牙被一个东西硌了一下。你们猜,我吃着了什么?""戒指。"大伙一齐说道。"不!"老人诡秘地笑道,"是一块鱼骨头。""哈……"人们爆发出爽朗的笑声。现场气氛顿时活跃起来,大家都纷纷想和这位幽默的老人攀谈几句。

豁达开朗的人往往能传达给听者健康向上的精神力量,让人们在轻松愉快的气氛中变得熟悉起来。

2. 对陌生人表现出宽容忍让

一次,记者小玲接到任务,要去采访某著名作家。这位作家著作等身,在文坛享有盛誉,并且是小玲非常崇拜的偶像。面对这位作家时,小玲不免有些紧张,见面的第一句话就让她出了丑:"您好,很荣幸能采访您。我一直是您的偶像。"此话一出,小玲的脸立马就红了,说出去的话,泼出去的水,怎么收场啊?那位作家笑着说:"你一定会成为一名非常优秀的记者,我乐意当你的崇拜者。"一句大度宽容的话,让小玲觉得这位作家非常有风度。

宽容是获得友谊的灵丹妙药。在与陌生人谈话中，由于种种原因，难免会出现一些问题，此时，如能保持宽容的心态，定会让对方觉得你很有魅力。

3. 展示智慧的一面

有一天，俄国沙皇下令召见乌克兰诗人谢甫琴科。文武百官见到沙皇后，都深深鞠躬致敬，只有谢甫琴科昂首站在一边，从头到脚打量沙皇。面对这个陌生人的傲慢举动，沙皇不由大怒，厉声问道："你是什么人？"

"我是谢甫琴科。"

"你怎么胆敢不给我鞠躬？举国上下谁见我不低头！"

"不是我要见你，是你要见我。如果我也像他们一样给你深深地弯腰行礼，你怎么能看得见我的容貌呢？"

沙皇顿时哑口无言。这番对话显示了谢甫琴科的智慧，使沙皇不得不佩服。

人格魅力具有很强大的吸引力，可以像磁石一样有力地吸引住对方。当你向陌生人展示出你的豁然、宽容、智慧的时候，对方一定会对你充满兴趣，会很高兴地向你打开"话匣子"。

得体称呼是好的见面礼

称呼是指人们在正常交往应酬中，彼此所采用的称谓语。它是言语交际的"先锋官"，在日常生活中，称呼应当亲切、准确、合乎常规。正确恰当的称呼，不仅能体现对对方的尊敬和自身的文化素质，更能促使交际的成功。

俗话说，"良言一句三春暖"，称呼得体就像行个见面礼，使对方获得心理上的满足，使沟通顺畅，交往成功。反之，称呼不得体往往会引起对方的不快甚至愠怒，使双方陷入尴尬境地，造成交往梗阻乃至中断。由此可见，称呼得体与否在很大程度上决定着人们交往活动的成败和管理效果的优劣。因此，不论是从事任何职业的一般人，还是身负一定职务的领导人或管理者，要想生活愉快、事业发展，都需要注意研究人际称呼的技巧，努力提高自己的称呼艺术。

称呼在人际交往和管理活动中的重要作用早为人们所注意。社会心理学家们认为得体的称呼能使人心情愉快，增强自信，有助于形成亲密和谐的人际关系。而良好的人际关系又是使人精神振奋、心理健康和提高工作效率的重要条件。得体的称呼能缩短人和人之间的心理距离，使人心情舒畅。

那么，怎样称呼才算得体呢？其实称呼并没有什么统一的模式。不同的地区、不同的民族和不同的语言传统，称呼的习惯可能差异很大；不同的职业、职务、性别、年龄的人，对称呼的需要和期望也不尽一样。这就造成了人际称呼的复杂性和多元化，增加了称呼得体的难处。但有一条是共同的，那就是要尊重他人和礼貌待人，这样，对方心里就会产生一种自豪感和满足感，反过来对方也会乐于与你接触，主动和你沟通，这就使交往有了良好的开端。但仅有此还不够，在具体称呼时还要注意做好以下几点：

1. 记住对方姓名

姓名不仅是将自己与他人的存在予以区别的标志，而且不少人的名字还凝聚着父母对子女的期望。由于自尊的需要，每个人都会重视和珍爱自己的名字，同时，也希望别人能记住和尊重它。因此，当自己的名字被别人叫到时，就认为自己受到尊重，心理感到愉悦，对称呼自己的人怀有亲切感。古今中外，一些领导人、政治家和企业家对人的这种心情很了解，与人寒暄时不只说句"您好"，而是在"您好"前面或后面冠以对方名字，这样做起到了很好的心理效应。我们对久别之后仍能一下子叫出自己名字的人，总是感动万分、钦佩不已的原因，就是因为这个缘故。

2. 符合年龄身份

称呼必须符合对方的年龄、性别、身份和职业等具体情况。对年长者称呼要热情、谦恭、尊重；对同辈则要态度诚恳，表情自然，亲切友好，体现出你的坦诚；对年轻人要注意慈爱谦和，表达出你的喜爱和关心；对有较高职务或职称者，要称呼其职务或职称。总之，要讲究礼貌，既表达出你对对方的真诚和尊重，又不卑不亢。切勿使用"喂""哎"等来称呼人，同时，也应力戒点头哈腰，满嘴恭维话。

3. 有礼有节有序

在与多人打招呼时，如果群体中有年长者，也有年轻人或异性在场，就要注意称呼的顺序。一般来讲，应先长后幼，先上后下，先女后男，先生疏后熟识为宜。称呼最能表达说话人的道德修养、知识水平和文明程度，也体现着他的交往技巧。称呼兼顾长幼的差异，会使年长者觉得受了尊重，年轻人也心中坦然。如顺序颠倒，不但会使年长者不满，而且被称呼到的人也会感到窘迫。再者应注意尊重女性，在与一个同样年龄、身份的群体打招呼时，先称呼女性，会使对方感到你有较高的素养，从而乐于与你交往。

需要强调的是，以上各点并不是孤立的，而是彼此制约、密切相关的，它们从不同侧面共同决定着称呼的得体与否以及称呼得体的程度。在日常生活中，我们只有依据称呼对象和交往场合等的具体情况，从多方面分析称呼对象的称呼需要，选择得体的称呼语，才能收到最理想的称呼效果。

 交谈需要找个好话题

交谈是增进人与人之间情感的润滑剂。很多人认为,与陌生人交谈困难重重。其实并不是这么回事。

有人说:"交谈中要学会没话找话的本领。"所谓"找话"就是"找话题"。写文章,有了个好题目,往往会文思泉涌,一挥而就;交谈,有了个好话题,就能使谈话融洽自如。

与陌生人开口交谈关键是要找到共同点。你可以从一个人的服饰、举止、谈吐看出他的心情、精神状态和生活习惯。开始谈话前首先看对方有何与自己相同之处。例如,他和你一样都穿了一双耐克气垫运动鞋,你可以以耐克鞋为话题开始你们的谈话。与陌生人交谈,你最好寻找对方也熟悉的人和事,以此牵线搭桥,引出话题。尤其是双方都与之关系很深的人和事。当谈到此类话题时,你们之间的距离就会很快缩短。

与陌生人交谈,还可以巧妙地借用彼时、彼地、别人的某些材料为题,借此引发交谈。有人善于借助对方的姓名、籍贯、年龄、服饰、居室等,即兴引出话题,常常会收到好的效果。

与陌生人交谈时,还可以先提一些"投石"式的问题,在大略了解后再有目的地交谈,便能说得更加自如。如在聚会时见到陌生的邻座,便可先"投石"询问:"你和主人是老乡还是老同学?"无论问话的前半句对,还是后半句对,都可循着对的方面交谈下去;如果问得都不对,对方回答说是"老同事"那也可谈下去。

如果能问明陌生人的兴趣,循趣发问,便能顺利地进入话题。如对方喜爱象棋,便可以此为话题,谈下棋的情趣,车、马、

炮的运用，等等。如果你对下棋略通一二，那肯定谈得投机。如果你对下棋不太了解，那也正是个学习机会，可静心倾听，适时提问，藉此大开眼界。

引发话题的方法很多，诸如"借事生题"法、"即景出题"法、"由情入题"法等。可巧妙地从某事、某景、某种情感，引出一番议论。引发话题，类似"抽线头""插路标"，重点在引，目的在导出话茬儿。

不管怎么说，与生人聊比与熟人聊还是容易的。当互道"你好"后不知说什么时，可参考以下例句：

①通用问题类：（对谁都合适，虽无实质内容，但一问一答保证不冷场。）你常来吗？我没见过你呀，住得远吗？每周来几次？每次呆多久？认识多少人了？还去过哪里？你认为哪里的人比较多，比较好？你是怎么知道这个地方的？此类交谈的作用是初步观察对方的相貌、教养、言谈风度等是否让人喜欢。

②相互了解类：（进一步了解性格、兴趣、爱好、层次，相互讨论，心理交流，让对方也了解你。）你有固定朋友吗？你喜欢比较女性化的吗？那边那个人的衣服你觉得好看吗？平常喜欢什么运动？没事时都干什么？爱听谁的歌？爱看哪部电影？喜欢哪位运动名星？好，现在，你基本已知道他是不是你所喜欢的人了，也大致知道他可能不可能喜欢你。

③实质结局类：（你出来是交友的，不是聊天的，都聊了快半小时啦，不摊牌还等什么）

结局 A：对不起，我想去那边转转。抱歉，我有事得回去了。我有熟人，我要去和他说几句话。失陪了，我怕赶不上车（他不是我喜欢的人，或我不是他喜欢的人，良宵苦短，快快告辞，另寻目标。告别时要保持双方的良好印象，虽然现在觉着不合适，但人是很容易改变的）……

结局 B：这是我的电话，有空联系。你能给我你的电话吗？你一般什么时候来，下次我等你。我有两张展览票，一起去看吧。

后天去游泳好吗（今天有事，不能进一步，来日方长，以后有机会）？

结局C：你出来不会是光转转的吧。我觉得你挺好的，我们到那边坐一会儿，那里没人。你愿意去我那里吗？我可以抱你一下吗？（情投意合，还等什么）？

以上例句仅供参考。每人性格不同，思路各异，也没什么固定套路，只要气氛融洽，双方了解，最后跟着感觉走就是了。不过，交谈时间不必太长，二十分钟足够，长了让人烦。当你真正掌握与陌生人交谈的窍门，你会惊奇地发现，原来与陌生人交谈是这么容易。

 板着面孔说话不可取

人际交往中，与别人谈话，无论双方意见或说法是否一致，都不能板着面孔说话。因为这不仅是对双方交谈的一种不尊重，还会招致对方的反感，最后使此次谈话不欢而散。

我们与人交往、谈话无非有两种人：一种是早已熟悉的人，如亲人、朋友和同事；一种是陌生人。和熟悉的人谈话板着面孔，或许还可以得到理解和谅解。和陌生人谈话，第一印象是非常重要的，它的好坏直接关系到谈话的结果，只有给人家一个好印象，才能顺利交谈，发展友谊，取得交际的成功。

从前，有个年轻人骑马赶路，累了想找一家客店休息，遇到一位老农，他在马上喊："喂，老头儿，这有旅店吗？还有多远？"老农说："无礼！""五里？"他快马加鞭跑去，跑了十几里，也不见人烟，心中纳闷，猛然醒悟过来，拨转马头又往回赶。见到那位老农，急忙下马，诚恳道歉说："老伯，请你原谅，我刚才太没礼貌了。您能告诉我，哪儿有旅店吗？"

老农笑说:"年轻人,知错改错就好,你已经错过旅店,我也不让你白跑,如不嫌弃,今晚就到我家住吧?"年轻人满心欢喜地跟老农走了。

从这个故事中,我们可以看到,不同的言谈情态会引起对方不同的感应和对待。这类的例子很多,每个人都会碰上。

斯诺的夫人韦尔斯也是一个记者,她第一次采访毛泽东时先热情洋溢地拿出一张斯诺拍的照片,有了这张窑洞前毛泽东的照片,一下子拉近了她和毛泽东的距离,陌生感化为乌有,谈得十分亲切、随便和融洽。韦尔斯在西安采访王震时,一见面她就微笑着说:"我记得咱们俩是同年的。当年我在延安时是28岁,现在已经72岁了。你是不是也是72岁呢?"王震一听,顿时笑了,直爽地回答了她的问题。于是俩人像两个"老熟人"在拉家常一样,采访得以顺利进行。

我们每个人与人交谈一定要开朗、热情、生动,因为人不是受到什么强迫才接近谁、喜欢谁;也不是由于什么人出类拔萃、有成就、有名气,才去接近、喜欢这个人。亲切的话语,温暖的微笑,一下子拉近了心理的距离。即使大人物,只要他善于交往、谈话,也必然如此。相反,冷冰冰整天板着个面孔,无论对什么人都是无益的。

 ## 小节会影响说话形象

人们在日常交谈中,常会犯些小毛病,有些人认为这都是生活中的小节,所以不去重视甚至用"君子行大礼而不拘小节"来宽慰自己,而不知道就是因为这些不起眼的小节,在时刻影响着自己的说话形象,减低对方与你交谈的兴趣,甚而引起别人的反感,所以还是小心防范,并设法加以纠正为好。

1. 咬字不清

有的人在谈话中，常常会有些字句含含糊糊，叫人听不清楚或者误解了他的意思。所以，不说则已，只要开口，就最好把一个字当做一个字，清楚准确地说出来。

2. 话有杂音

这比喜欢用多余的字句更令人不舒服，在说话的时候，加上许多没有意义的杂音。例如：一面说着话，鼻子一面"哼哼"地响着，或是每说一句话之前，必先清清自己的喉咙，还有的人一句话里面加上几个"呃"字……这些杂音会使人产生一种生理上的不快之感，好像给你的精彩语言蒙上一层灰尘。

3. 用字笼统

有许多人喜欢用一个字去替许多字，譬如，他在所有满意的场合，都用一个"好"字来代替。他说："这歌唱得真好？""这是一篇好文章。""这山好，水也好？""这房子很好。""这个人很好。"其实，别人很想知道这一切究竟是怎样好法。这房子是宽敞，还是设计得很别致呢？是材料很结实吗？这人是很老实呢，还是很慷慨、很喜欢别人呢？单是一个"好"字，就叫人有点摸不着头脑。还有这样的人，用"那个"这两个字代替几乎所有的形容词，例如："这部影片的确是很那个的。""这件事未免太那个了。""这封信叫人看了很那个的。"……这一类毛病，主要是由于头脑偷懒，不肯多费一点精神去寻找一个适当的恰如其分的字眼。如果放任这种习惯，所说的话就容易使人觉得笼统空洞，没有内容，因而也就得不到别人适当的重视了。

4. 过于夸张

喜欢用夸张的语言去强调一件事物的特性，以引起别人的注意。但也有人无论在什么场合都采用这种说法。例如:"这个意见非常重要?""这本书写得非常精彩。""这是一部非常伟大的戏剧。""这种做法是极端危险的。""这个女人简直是无法形容的美丽。"如此这般,讲得多了,别人也就自然而然地把你所夸大的字眼都大打折扣,这就使你语言的威信大为降低了。

5. 逻辑零乱

在叙说事理的时候,最重要的是层次清晰,条理分明。所以,在交谈以前,必先在脑子里将所要讲的事物好好地整理一下,分成几个清楚明确的段落,摒除许多不大重要的细节。不然的话,说起话来就会拖拖拉拉,夹杂不清了。特别是当一个人叙述自己亲身经历的时候,更容易因为特别起劲,巴不得把所见所闻全盘托出,结果却叫人听起来非常吃力。

6. 矫揉造作

矫揉造作有多种形式的表现,有的人喜欢在交谈中加进几句英文或法文;有的人喜欢在谈话中加进几个学术性的名词;有的人喜欢把一些流行的字眼挂在口头;有的人又喜欢引用几句名言,放在并不适当的地方。这会让人觉得你在卖弄学识,故作高深,还不如自然、平实的言语更容易让人接受。

让对方感到自己被肯定

著名的美国实用主义哲学家威廉·詹姆士说过:"人类本质里最深远的驱动力是希望具有重要性。人类本质中最殷切的需求是渴望得到他人的肯定。"

人际交往的一个极为重要的法则是：时时让别人感到重要。如果我遵从这一法则，大概不会惹来什么麻烦，并且可以得到许多友谊和快乐。但如果我们破坏了这一法则，难免后患无穷。也正是这种需求使人类有别于其他动物；也正是这种需求，产生了丰富的人类文化。

现实生活中，有些人之所以会出现说服的障碍，就是因为他们不懂得或者忘记了一个重要原则——让他人感到自己重要。他们喜欢自我表现，夸大吹嘘自己，一旦事情成功，他们首先表现出的就是自己有多大的功劳，作出了多大贡献。这样不就是向他人表明：你们确实不太重要。无形之中，他们伤害了别人，当然最终也不利于自己。

你遇到的每个人，都认为他在某些方面比你优秀，而一个绝对可以赢得他欢心的方法是，以不着痕迹的方法让他明白，他是个重要人物。正如杜威教授所说的：人们最迫切的愿望，就是希望自己能受到重视。而卡耐基也曾一再强调，正是这股力量促使人类创造了文明。

卡耐基用自己的一段经历证明了这一道理。他回忆说：

"我在纽约第32街和第八大道交叉处的邮局里，排队等候寄一封挂号信。柜台后面的那位办事员，显然对工作感到不耐烦——称重、拿邮票、找零钱、写收据——年复一年都是同样单调的工作。所以我对自己说：'我要让那位办事员喜欢我。显然，要让他喜欢，必须说些好话。不是关于我自己，而是与他有关。'我又自问：'他有什么可以让我称赞一番的？'有时这实在是个难题，尤其对象是个陌生人。但是，眼前的这位似乎并无困难，我马上找出可以称赞的地方。

"当他为我的信件称重时，我热切地对他说：'真希望我能有你这样的头发。'

"他抬起头，半惊讶地看着我，脸上泛出微笑。'啊，它已不像以前那么好啦！'他谦虚地应答，我告诉他，虽然它可

能已没有原来的美丽，但仍然状况极佳。他十分高兴，和我谈了一会儿，最后说道：'许多人都称赞我的头发。'

"我敢打赌，这位先生外出吃午饭的时候，一定步履生风；晚上回家的时候，一定会将此事告诉太太；也一定会照着镜子对自己说：'这头发多么漂亮！'

"有次我演讲的时候提起这件事，事后有人问我：'你想从那人身上得到什么？'

"我能从那人身上得到什么？我想从那人身上得到什么？

"如果我们真是这么自私，一旦没有从他人身上得到什么好处，便不能表示一点赞赏或传达一点真诚的感谢——如果我们的灵魂没有比野生的酸苹果大多少，我们会变得多么贫乏。

"不错。我是希望从那位办事员身上得到一点东西。但那东西是无价的，而且我已得到了。我得到了助人的快乐，这种感觉会在事过境迁之后，还永远存在记忆里。"

第二章 把话说到对方的心坎上

把话说到对方心坎上,让对方心悦诚服地听你把话说下去。因此,说话之前要做到知己知彼,充分了解对方的心思,把握对方的心理需求,对他人的想法和观念有一个比较清楚地了解,明白对方想听什么、爱听什么,这样才有可能让对方从内心欢迎你继续聊下去。

 猜透对方心思再说话

说话,要懂得什么时候说什么话;说了,还要为自己说过的话负责。因此,察言观色才能够让我们的沟通更为顺利,避免各种不必要的麻烦。

西汉初年,汉高祖刘邦打败项羽,平定天下之后,开始论功行赏。这可是攸关后代子孙的万年基业,群臣们自然当仁不让,彼此争功,吵了一年多还吵不完。

汉高祖刘邦认为萧何功劳最大,就封萧何为侯,封地也最多。但群臣心中却不服,私底下议论纷纷。

封爵授禄的事情好不容易尘埃落定,众臣对席位的高低先后又群起争议,许多人都说:"平阳侯曹参身受七十次伤,而且率兵攻城略地,屡战屡胜,功劳最多,应当排第一。"

刘邦在封赏时已经偏袒萧何,委屈了一些功臣,所以在席位上难以再坚持己见,但在他心中,还是想将萧何排在首位。

这时候,关内侯鄂君已揣测出刘邦的心意,于是就顺水推舟,自告奋勇地上前说道:"大家的评议都错了!曹参虽然有战功,但都只是一时之功。皇上与楚霸王对抗五年,时常丢掉部队,四处逃避,萧何却常常从关中派员填补战线上的漏洞。楚、汉在荥阳对抗好几年,军中缺粮,也都是萧何辗转运送粮食到关中,粮饷才不至于匮乏。再说,皇上有好几次避走山东,都是靠萧何保全关中,才能顺利接济皇上的,这些才是万世之功。如今即使少了一百个曹参,对汉朝有什么影响?我们汉朝也不必靠他来保全啊!你们又凭什么认为一时之功高过万世之功呢?所以,我主张萧何第一,曹参居次。"

这番话正中刘邦的下怀，刘邦听了，自然高兴无比，连连称好，于是下令萧何排在首位，可以带剑上殿，上朝时也不必急行。

而鄂君因此也被加封为"安平侯"，得到的封地多了将近一倍。他凭着自己察言观色的本领，能言善道，舌灿莲花，享尽了一生荣华富贵。

孔子说："巧言令色，鲜矣仁。"但是，在这个时代，不巧言，不令色，并不能彰显你的仁德，有时反而突显你的不识时务。

人们的言与色有时是简单外露的，对它的体察是容易的；有时是复杂隐蔽的，对它的体察就比较困难。一般来说有以下几点应注意。

首先，性格定向和语言定位。社交中的察言观色，说到底是对对方言谈举止、神态表情的微妙变化及其含义进行捕捉和判断，是一个"由表及里"的过程。而性格定向和语言定位，是这个过程的第一步。

性格定向就是通过对其表情、言语、举止的观察分析，掌握其性格类型。你可以甩出一两个对方很敏感的问题，静观一下他的反应方式和程度。值得注意的是，这种观察一定要细致入微，千万不要因为对方看上去似乎毫无反应，就断定他是傻瓜，正如看了悲剧，有人流泪，有人木然，你不能说木然的人就没有被感动。在摸透了对方的性格类型之后，就要设法捕捉最能反映他思想活动的典型动作和典型部位，也就是"语言点的定位"。眼、手、腿、脚、身体每一部位的肌肉，都可能是"语言点"的所在。

有些现象的含义人们是很清楚的。如腿的轻颤，多是心情悠然的表现；双眉倒竖，二目圆睁，是愤怒的特征；微蹙眉头，轻咬嘴唇，则是思索的含义。另外还应该特别注意对方的手，尽管许多人可以巧妙地掩饰许多东西，但还是存在一些普遍性的动作。如愤怒时握紧双拳，或是将纸烟、铅笔之类的东西捏坏，甚至可能两手发颤；兴奋紧张时，双手揉搓，或者简直不知道该把手放在什么地方；思索时，手指在桌面、沙发扶手、大腿等地方有节奏地轻敲，等等。

其次，抓住"决定性瞬间"。任何一个人，对自己神情的掩饰，都不可能达到绝对的滴水不漏。关键问题是，你在对方错综复杂的神情变化中，能否准确判明哪一个变化是有决定性的。对于机智的人来说，其弥补失误的本领也是异常高超的，他不可能让你长时间地洞悉到他的破绽。

因此，时机对你非常宝贵。至于究竟什么才是这种"决定性瞬间"的具体显现，怎样才能将其判明并抓住，那只能具体情况具体分析，凭借你的经验和感觉来定夺，无固定模式可循。

最后，主动探察。察言观色，不能理解为被动式的冷眼旁观。事实上，主动进攻，采用一定的方式、手段去激发对方情绪，才是迅速、准确把握对方思想脉络的最佳途径。这里包括以下几点：

一是闲谈探底。即在触及正题之前，漫无边际地谈些与正题无关的话，目的在于观察对方的兴趣、爱好、习惯和学识等情况，如果对方感到厌倦，那么你的漫谈还可起到扰乱其心绪的作用。

二是施放诱饵。你可以若有若无地用一些对对方具有吸引力的话题，判断出对方的心中听想，摸清对方神情变化及心理活动的一般特点和语言点位置。

三是激将法。你可用一连串的刺激性问题，攻击对方，使其兴奋，进而失去对自己情绪的控制；你还可以做出一些高傲、看不起对方的姿态，对他的自尊造成一种威胁，激发他的情绪。

四是逆来顺受。当你没有吃透对方的脾性时，在不违反大原则的情况下，不妨先逆来顺受，等待对方暴露更多的信息，再对症下药，对方自然会心悦诚服地接受你。

 说话一定要有的放矢

俄罗斯谚语:"语言不是蜜,却可以粘住一切东西",这就是说要有的放矢,注意针对性。说话时要看对象,根据交际对象来说话。这就要求我们在说话时,能够注意听话人的性别、性格、文化程度、文化背景、心理状态等因素。忽视了任何一个因素,都可能导致"无的放矢",甚至还会给自己当头一击。

朱元璋做了皇帝。有一天,他从前的一位苦朋友从乡下赶来找他,对他说:"我主万岁!当年微臣随驾扫荡庐州府,打破罐州城,汤元帅在逃,拿住豆将军,红孩儿当关,多亏菜将军。"

朱元璋听他说得好听,心里很高兴。回想起来,也隐约记得他的说话里像是包含了一些从前的事情,就立刻封他做了大官。

这个消息让另外一个昔日的苦朋友听见了。他心想:"同是那时候一块儿玩的人,他去了既然有官做,我去当然也不会倒霉吧?"他也就去了。

和朱元璋一见面,他就直通通地说:"我主万岁!还记得吗?从前,你我都替人家看牛,有一天,我们在芦花荡里,把偷来的豆子放在瓦罐里煮着。还没等煮熟,大家就抢着吃,把罐子都打破了,撒下一地的豆子,汤都泼在泥地里。你只顾从地下满把的抓豆子吃,却不小心连红草叶子也送进嘴里。叶子梗在喉咙口,苦得你哭笑不得。还是我出的主意,叫你用青菜叶子放在手上一拍吞下去,才把红草叶子带下肚子里去了……"

朱元璋看他如此不顾全体面,不等听完就命人将其推出去斩了。

所以，说话人不能我行我素，想说什么就说什么，而要看对象，从对象的不同特点出发，说不同的话，创造一种和谐、融洽的气氛，达到说话的目的。

交谈要讲究艺术，恰当有礼。"恰当有礼"，其实是一个"得体"的问题，也就是要把话说得适人、适时、适地、适情。话是对人讲的，所以说话要注意"因人而言"，要看对象说话。这也就是俗话所说的，到什么山唱什么歌，见什么人说什么话。因为这样谈话会更具有针对性，容易引起共鸣。"适时、适地"即讲话要注意时间、场合。"因情而言"，即说话时要考虑对方的心情，好的心情才能营造出愉悦谈话氛围，有利于进一步沟通交流。有一个名词叫"职场语言学"，就是教人在工作时如何说话，针对不同的人要说不同的话。运用"职场语言学"中所学的语言艺术，可以让你在公司里说话受到同事的欢迎，至少不会因为说话不当而被炒鱿鱼。

在很多地方和场合说话都要注意自己的语言艺术，这确实是十分重要的。掌握人际交往中的语言艺术并不是一件坏事，它并不只会使人的嘴巴变得好像是油嘴滑舌似的，它可以让你学会如何与别人交往。之所以说话要看对象，是因为说话总是双向的，不论是在公共场合发表演讲，还是在和朋友、或者刚刚认识的人随意交谈，除了说话人之外，还有听话人。所以，说话人就要看对象说话，从对象的不同特点出发，说不同的话，而不能随心所欲，想说什么就说什么，这样创造一种和谐、融洽的气氛，达到交谈的目的。

在交谈中，注意对象的身份是十分重要的，忽视这一点，往往会引起别人的反感，甚至可能造成不必要的矛盾。

要做到说话看对象，了解对象是必要的。对家人以及亲朋好友，说话的方式要因人而异，所说对象不同，方式就不一样。李密的《陈情表》写得催人泪下，当然不少人觉得李密这人不厚道，如果真的是这么有孝心的人，干吗用那么多的语言说自己多么凄惨,祖母多么悲凉?其实我想这篇文章之所以要这么写,是因为看这篇表的人是司马炎的缘故。司马炎是篡位之君,本就名不正言不顺,再者,蜀的很多将士并不是真心归顺,他几次要求李密做官而被拒绝,所以心生疑惑。再加上司马炎疑心十分重,如果李密这次上表不够煽情是会死的,所以文章写得过于深情就可以理解了。换言之,如果李密是给诸葛亮或者刘备上表,这样写的话就不行了。可见说话不看人,必然词不达意,说了白说。

如果对对方非常熟悉,说话时自然会注意到不同特点,这自然不用再多言。然而对于初次相识的人,就不那么容易了。我们很容易看出对方的性别、年龄,但是身份、职业、文化修养等,则必须通过语言交谈才能了解。因此,与陌生人见面,首先要做的不是急于说什么,而是先听对方的话语。如果对方彬彬有礼,你也应该文雅、和气、谦逊;如果对方说话很坦诚,你也应该实在,想到什么就说出来,不要拐弯抹角。总之要在了解对象的基础上,说出合适的、有礼貌的话。

现在有人说话口无遮拦,甚至不经过大脑思考脱口而出,这样的话虚无且没有内涵。说话不看对象、不分场合经常会给自己招来祸患,或者是埋下祸根。口无遮拦乱说一通给自己带来的只能是"痛苦",而不会是"快乐"。

 ## 说话别只顾着自己说

说话不看对象,不仅达不到沟通的目的,往往还会伤害对方。

在任何场合上的谈话首先是要寻找共同语言。宴会的成功有赖于主人的热诚好客、慷慨招待和细致周到的组织安排。从礼节上,主人的职责是使每一位来宾都感受到主人对自己的欢

迎之意。客人到来时，与每一位来宾握手致意。主人还要努力使客人之间有机会相互认识和交谈。努力使谈话变得活泼有趣、气氛融洽，相机转换不恰当的话题。

从前，有个富翁生了三个女儿。大女、二女嫁给秀才，小女嫁给普通人。一天，富翁生日，女婿们都来祝寿。大女婿、二女婿说话斯文，唯独三女婿粗俗不堪，富翁心中不快。

他设宴款待女婿，告诫说："酒席上不许胡言乱语。"酒过三巡，富翁举筷夹菜给大女婿吃，大女婿站起身恭敬地说："君子谋道不谋食。"（只考虑道义不考虑饮食。）富翁很高兴。

又请二女婿喝酒，二女婿站起恭敬地说："惟酒无量，不及乱（即使酒量无限，也不随便乱吃）。"富翁也很高兴。

岳母见丈夫冷落了三女婿，就擎着酒杯请三女婿喝酒。

小女婿昂头站起对岳母说："我和你可说是酒逢知己千杯少啊。"

富翁大骂道："你这畜牲真是嚣张，还假充什么斯文？！"

小女婿摔掉酒杯，霍地站起来说道："我同你话不投机半句多！"

古人说得好："话不投机半句多"。尤其是第一句话说得是否得体，将直接影响着你与他的以后往来。对方不懂，也没有兴趣，那么尊口就免继续开了。滔滔不绝地介绍，对方会认为你很迂腐，是在卖弄，是有意地在使他难堪。

积极的情感往往会产生理解、接纳、合作的行为；而消极的情感则会带来排斥和拒绝。所以，想要取得别人相信，那就需要先投其所好。打动人心的最佳方式，是跟对方谈论最感兴趣的事物，投其所好是一种艺术、一种智能，更是一种沟通，为了寻求买卖双方的共同利益。

孔子说："陪君子说话容易有三种失误：还没轮到自己说话却抢先说了，这叫急躁；轮到自己说了却不说，这叫阴隐；不察言观色而说话，这叫瞎子。"

这里的君子指长官、前辈等，用朱熹的解释，指"有德位之通称"。其实，就是一般朋友。同学、同事之间说话，这里的几点也都是适用的。

孔子所指出的三个毛病，的确也是我们一般人容易犯的，第一个毛病是急躁而爱出风头，没有耐心听人说话的涵养，对于一个领导者来说，这一点尤其致命，第二个毛病是阴隐，该说话的时候不说，给人以城府很深，人很阴的感觉，尤其容易失去朋友。第三个毛病是不长眼睛，说话不看人家的反应，只顾自己说得痛快，得罪了人自己还不知道，这是炮筒子一类的人，尤其不能做与人交往、接待、洽谈等方面的工作。

交谈之前，先了解对象

"知己知彼、百战百胜"这句老话，是很有道理的。战争如此，说服人也必须如此。在说服对方之前，必须透彻地了解对象的有关情况，以便有针对性地进行说服。了解的内容主要有：

第一，了解对方的性格。

不同性格的人，对接受他人意见的方式和敏感程度是不一样的。如：是性格急躁的人，还是性格稳重的人；是自负又胸无点墨的人，还是有真才实学又很谦虚的人。掌握了对方的性格，就可以按照他的性格特征，有针对性地说服。

第二，了解对方的长处。

一个人的长处就是他最熟悉、最了解、最易理解的领域。如：有人对部队生活熟悉，有人对农村生活比较熟悉，有人擅长于文艺，有人擅长于语言，有人擅长于交际，有人擅长于计算等。在说服人的时候，从对方的长处入手。这是因为：①能和他谈到一起去；②在他所擅长的领域里，谈论起来他容易理解，便容易说服他；③能将他的长处作为说服他的一个有利条件，如一个伶牙俐齿、善于交际的人，在分配他做供销工作时可以说："你在这方面比别人具有难得的才能，这是发挥你潜在能力的一个最好机会。"这样谈既有理有据，又能表明领导者对他的信任，还能引起他对新工作的兴趣。

第三，了解对方的兴趣。

有人喜欢绘画，有人喜欢音乐，还有人喜欢下棋、养鸟、集邮、书法、写作等，人都喜欢从事和谈论其最感兴趣的事物。从这里入手，打开他的"话匣子"，再对他进行说服，便较容易达到说服的目的。

第四，了解对方的其他想法。

一个人坚持一种想法，决不是偶然的，他必定有自己的理由，而且他讲的道理一般都符合国家政策、集体的利益或人之常情。但这常常不是他的真实想法，他的真实想法怕拿出来被人瞧不起，难于启齿。如果领导者能真正了解他的"苦衷"，就能有针对性地加以解决。

第五，了解对方当时的情绪。

一般说，影响对方情绪的因素有：一是谈话前对方因其他事所造成的心绪仍在起作用；二是谈话当时对方的注意力正集中在别处；三是对说服者的看法和态度。所以，说服者在开始说服之前，要设法了解他当时的思想动态和情绪，这对说服的成败，是一个重要的环节。

凡此种种，你都要悉心研究，才能够有针对性地采取说服的方式。

许多人不能说服别人，是因为他不仔细研究对方，不研究用适当的表达方式，就急忙下结论，还以为"一眼看穿了别人"。这就像那些粗心的医生，对病人病情不了解就开了药方，当然没有不碰钉子的。

 ## 说话时，注意听者的表情

你必须要明白，在绝大多数情况下，话是说给别人听的。说不说由你做主，有没有用由别人决定。没用的话没必要说，说了也白说。所以，要让说出来的东西有用，至少不至于成为废话，你需要学会关注听者的表情。

关注听者的表情，实际上就是"察言观色"。古人其实并不反对"察言观色"，甚至有的时候还极为提倡。只是到了20世纪，"察言观色"才逐渐成为人们口诛笔伐的对象。而现今，随着学术理论的不断完善，人们认知水平的不断提高，"察言观色"已经成为许多人信奉和推崇的一种极其重要的职场EQ能力。

加德纳博士在他的"多元智能"理论中，把察觉并区分他人的情绪、意向、动机及感觉的能力（包括对他人脸部表情、声音、动作的敏感性，辨别不同人际关系的暗示以及对这些暗示做出适当反应的能力）称为"人际智能"。缺乏"人际智能"的人，很难与他人进行有效沟通，也很难在社会实践中取得成功。沟通学者的研究发现，人们在沟通时，有7%的效果来自于说话的内容，38%取决于声音（音量、音调、韵脚等），而有55%取决于肢体语言（面部表情、身体姿势等）。因而，在解读他人心意时，重要的不只是听他说了些什么，更要紧的是看他怎么说。由于人们之间超过90%以上的交流都是通过非语言方式完成的，所以说话不仅要用嘴巴，更要用眼睛。

当然，"察言观色"不是拍马奉承，关注别人的表情也不是说要投谁的所好，要用假话去蒙蔽别人。我们赞同"察言观色"，

把话说到别人心坎里

提倡与人交流时"关注别人的表情",目的是为了使我们在说话的时候能够尽量选择别人容易接受的方式,使别人能够真正听懂和接受我们所说的东西,增强说话的效果,提高交流的效率。

春秋时期,齐国的相国晏子就是一个"察言观色"的高手。

齐庄公看重勇力不重视仁义,偏护那些勇武有力的大臣,而许多有才干的文臣得不到重用。这样的做法慢慢滋长了武官们的骄傲情绪,他们傲视文臣,欺压百姓,搞得官风民风越来越坏。一些大臣进言检举,非但没有使齐庄公改变想法,而且轻者被流放,重者被杀头。

身为齐国的相国,晏子也是看在眼里,急在心上,但他没有像别人一样贸然行事,而是经过深思熟虑后,采取了一种非常巧妙的进言方式。

一日,齐庄公在花园里与妃子下棋,听说晏子前来求见,就撇下了妃子请这位棋坛高手与他对弈。晏子也不多话,两个人就在棋盘上你来我往地下了起来。晏子在棋局上猛冲猛打,虽然吃了庄公不少的子,但在庄公的沉着应战下,还是输掉了棋局。庄公深知晏子在棋上的造诣要高出自己很多,如此输棋很出乎意料。于是就疑惑地问晏子:"相国文韬武略,满腹才学,帮助寡人治理国家都驾轻就熟,为什么这局棋会下得如此差呢?"晏子说:"臣有勇无谋,输棋自然是在情理之中了。"接着他又话题一转说:"下棋是这样,治理国家也是这样,光靠勇武是不行的。"

应该说,齐庄公还是有些自知之明的。他在晏子的委婉批评下,对自己偏爱武力不重仁义的做法,有了一定的警觉,但仍旧不能一下子完全转变过来。于是,就坦率地问到:"请相国直言,古时候有没有哪一个国君,依靠勇力可以安邦定国的呢?"

晏子回答说:"夏朝末年有大力士推侈、大戏,殷朝末年有勇士弗仲、恶吏,这些人都能日行千里,力擒虎豹,可他们却不能挽救夏、殷的灭亡。夏、商的覆灭告诉我们一个道理：光靠勇力而不行仁政，没有一个不失败的"。

庄公仔细体会晏子的肺腑之言，认为他说得很对，就恭恭敬敬地表示了感谢，并接受了文武并重，实施仁政以固国本的主张。

从这则小故事里我们不难发现，推销自己，影响别人，让别人听我们的"话"，不是简单的仗义直言就能够办得到的。人际交往中，对他人的言语、表情、手势、动作以及看似不经意的行为进行较为敏锐细致的观察，往往能够使我们与他人的交流更加容易，取得意想不到的效果。

当然，关注听者的表情，也是要有重点的，除了对方的喜怒哀乐外，对眼睛的观察最为重要。从医学上来看，眼睛在人的五种感觉器官中是最敏锐的，大概占感觉领域的70%以上，因此，被称"五官之王"。孟子云："存之人者，莫良于眸子，眸不能掩其恶。胸中正，则眸子瞭，胸中不正，则眸子眊。"从眼睛里流露出真心是理所当然的，"眼睛是心灵之窗"。

深层心理中的欲望和感情，首先反映在视线上，视线的移动、方向、集中程度等都表达不同的心理状态。观察视线的变化，有助于人与人之间的交流。爬上窗台就不难看清屋中的情形，读懂人的眼色便可知晓人们内心的状况。有人总结了一些关于眼色的所谓规律，尽管不一定全部正确，但即使只是作为一个参考，也未必不能触发我们的思维，给我们以借鉴。

1. 如果你见他眼神沉静，便可明白他对于你着急的问题，早已成竹在胸，稳操胜算。只要向他请示办法，表示焦虑，如果他不肯明白说，这是因为事关机密，不必多问，只需静待他的发落便是。

2. 如果你见他眼神散乱，便可明白他也是毫无办法，徒然着急是无用的，向他请示，也是无用的。你得平心静气，另想应付办法，不必再多问，这只会增加他六神无主的程度，这时是你显示本能的机会，快快自己去想办法吧！

3. 如果你见他眼神横射，仿佛有刺，便可明白他异常冷淡，如有请求，暂且不必向他陈说，应该从速借机退出，即使多逗留一会儿也是不适的，退而研究他对你冷淡的原因，再谋求恢复感情的途径。

4. 如果你见他眼神阴沉，应该明白这是凶狠的信号，你与他交涉，须得小心一点。他那一只毒辣的手，正放在他的背后伺机而出。如果你不是早有准备想和他见个高低，那么最好从速鸣金收兵。

5. 如果你见他眼神流动异于平时，便可明白他是胸怀诡计，想给你苦头尝尝。这时应步步为营，不要轻进，前后左右都可能是他安排的陷阱，一失足便跌翻在他的手里。不要过分相信他的甜言蜜语，这是钓鱼的饵，是毒物外的糖衣，要格外小心。

6. 如果你见他眼神呆滞，唇皮泛白，便可明白他对于当前的问题惶恐万状，尽管口中说不要紧，他虽未绝望，也的确还在想办法，但却一点也想不出所以然来。你不必再多问，应该退而考虑应付办法，如果你已有办法，应该向他提出，并表示有几成把握。

7. 如果你见他眼神似在发火，便可明白他此刻是怒火中烧，意气极盛，如果不打算与他决裂，应该表示可以妥协，速谋转机。否则，再逼紧一步，势必引起正面的剧烈冲突了。

8. 如果你见他眼神恬静，面有笑意，你可明白他对于某事非常满意。你要讨他的欢喜，不妨多说几句恭维话，你要有所求，这也是个好机会，相信一定比平时更容易满足你的希望。

9. 如果你见他眼神四射，神不守舍，便可明白他对于你的话已经感到厌倦，再说下去必无效果，你如果不赶紧告一段落，或乘机告退，或者寻找新话题，谈谈他所愿听的事。

10. 如果你见他的眼神凝定，便可明白他认为你的话有一听的必要，应该照你预定的计划，婉转陈说，只要你的见解不差，你的办法可行，他必然是乐于接受的。

11. 如果要是你见他眼神下垂，连头都向下倾了，便可明白他是心有重忧，万分苦痛。你不要向他说得意事，那反而会加重他的苦痛，你也不要向他说苦痛事，因为同病相怜越发难忍，你最好说些安慰的话，并且从速告退，多说也是无趣的。

12. 如果他的眼神上扬，便可明白他是不屑听你的话，无论你的理由如何充分，你的说法如何巧妙，还是不会有高明的结果，不如马上停止，退而寻求其他接近之道。

有一句广告词说得好"通则不痛，痛则不通"，当你不具备"察言观色"的能力时，你跟别人的交流就好比"擀面杖吹火"，肯定通不了，也肯定很痛。

说话要揣摩对方的心理

在美国，神学院毕业的学生，必须要到乡村教会去当一段时间的牧师，一来可以丰富他们的工作经验，二来可以锻炼他们的韧性和毅力，为他们日后能够更好地宣传神学打下基础。

有一位成绩和各方面表现都十分突出的学生，从一所著名的神学院毕业后，自愿到一个以牧业为主、生活十分艰苦、人们的认识还比较落后的村庄去担任牧师。为了使那里的人们很好地接受自己，并扩大自己的影响，从而使得人们能够更好地领会神的旨意，他准备召开一个布道大会。经过紧张而又繁忙的准备之后，他的布道大会如期召开了。但令他失望的是，他等了足足一个上午，却只有一个牧童来到了会场。于是他心灰意冷，准备将布道大会取消，但为了不让牧童反感，他开始主动向牧童征询意见。结果牧童说："亲爱的牧师先生，要不要取消大会我不知道，但我知道一件事，在我所养的100只羊中，就算迷失了99只，只剩最后一只，我还是要养它。"年轻牧师顿有所悟，决定大会如期举行。牧师使出浑身解数，对这位牧童全力进行灌顶，想不到这位牧童竟然睡着了。牧师非常难过，却又不好意思叫醒牧童，结果他又等了整整一个下午。到了黄昏，牧童醒了，牧师就迫不及待地问牧童："你为什么睡着了，难道我讲得不好吗？"牧童回答说："亲爱的牧师先生，你讲得好不好我不知道，但我知道，当我在养羊的时候，绝对不会拿我最喜欢吃的汉堡给羊吃，而要拿给羊最想吃的牧草。"牧师经过一番思考，终于大彻大悟。

过了不长的时间，这位牧师成了全美国最著名的牧师。

有的人认为，这位牧师的布道大会失败了，因为他在大多数人们不需要布道大会的时候举办了布道大会，并且对唯一的一位参加者讲述了人家并不需要的内容；也有的人觉得，他的布道大会成功了，因为他明白了只有从人们的需要出发对人们进行引导，才能把神学发扬光大。事实上，正所谓"成也萧何，败也萧何"，牧师布道大会的失败在于他忽视了人们的需要，牧师后来能够成功则归功于他重视了人们的需要。

还是让我们回到"说"的主题上来吧。人世间有很多道理是相通的，做事需要我们考虑别人的需求，说话、交流也必须要重视他人的需要。每个人从小学起就有这样的经验，写作文，最怕的就是文不对题。"说"也是这样，最忌讳"南辕北辙"。试想，如果你是个数学老师，你却在课堂上大谈历史；面对农民，你对航天科技滔滔不绝；领导因产品销路不畅心情不好，你却对本单位的管理问题大加分析。可能你讲得很对，有时也很有道理、很有价值，但人家不需要。"对牛弹琴"的结果顶多不过是白费点力气，可你的交流对象是人，有时还是掌握你命运的上司和领导，如果你真的这样说了，后果可能就远远不是白费点嘴皮子那么简单了。

因此，在"说"之前，你要明白，对方想听什么、爱听什么、最需要什么，否则，说了还不如不说。也就是说，要揣摩听者的心理。

首先，你要清楚地了解对方的过去。当然，你不需要像一个侦探一样事无巨细，因为你需要的不是他的全部，只需留心他的日常言行，倾听周围人群的谈论，你就会对他的处世风格、性格爱好、优长缺点等了如指掌。

然后，你要关注对方的现状。你跟对方交流，应该是有目的的。知道对方的现实问题和急需之处，你在说的时候就不会无的放矢。

最后，你要为对方提点建议。说，总是有一定内容的，而且这些内容必须倾向于为对方解决问题，创造未来。也许你说的东西不一定非常管用，但没关系，至少你"说"的目的已经达到，你们的关系也会因为默契的交流而更加密切。

记着，在人们饥饿的时候给他半块馒头，比在他富有时给他十根金条更能让人刻骨铭心。

 ## 于细微之处下功夫

了解他人的心理不仅要抓住对方大致的心理波动，而且要于细微之处下功夫，利用细小的刺激来影响特定情形下的心理，使说话既收到"润物细无声"的效果，又有极强的针对性。

1971年7月29日，基辛格率代表团秘密访华，进行打破中美中断20年外交僵局的谈判。来华前，尼克松总统曾不止一次为他们设想这次会谈的情形，以为中方会大拍桌子叫喊"打倒美帝国主义"，勒令他们退出台湾，滚出东南亚。为此基辛格一行非常紧张。

但事实出乎他们的意料。周恩来总理在钓鱼台国宾馆亲切

会见了他们。周恩来总理微笑着握着辛基格的手,友好地说:"这是中美两国高级官员二十几年来第一次握手。"当基辛格把随行人员一一介绍给周恩来时,他的赞美更出乎他们的意料。他握住霍尔德里奇的手说:"我知道,你会讲北京话,还会讲广东话。广东话连我都讲不好。你是在香港学的吧!"又对斯迈泽说:"我读过你在《外交季刊》上发表的关于日本的论文,希望你也写一篇关于中国的。"最后他握住洛德的手:"小伙子,好年轻,我们该是半个亲戚,我知道你的妻子是中国人,在写小说。我愿意读到她的书,欢迎她回来访问。"

周总理简短的欢迎词里蕴含了高超的说话技巧。他认识到基辛格一行的紧张心情,在严肃的外交场合,他有意淡化了政治角色,而是抓住细微之处,拉家常似的,对其语言才能、论文、家庭成员进行了一番巧妙的赞美。既亲切又得体,缓解了对方的紧张情绪,使对方对中国领导人顿生敬意,认识到中国人民的友好态度。真是一箭双雕。

周恩来总理能做到这一点,是事前大量细心准备的结果。他先对基辛格一行的工作、生活资料做了一定的了解,准确地找出他们在外交场合一般不为人所提及的细小之处。同时对他们来华心理做了大致分析。这样才会有外交场合出色的表现,亲切的言辞。

人的心理有相对稳定的一部分,但也有不稳定的部分,往往随气氛和场合的变化而变化。细心的人就非常善于捕捉对方此时此地的心境,加以适当的语言表达。

元旦晚会上,大家都兴高采烈,有说有笑,台上节目精彩纷呈。在角落里,只有小王一个人闷不作声,心事重重。这时主持人发现了他的变化。他想:"小王平时表现挺积极,做事挺热情,今天怎么了!"他又想到小王是新来的学生,可能想以前的同学、朋友了。他就对大家说:"小王是这学期刚转咱们班的。平时各方面表现很积极,与同学关系也很融洽,我们现在就像是一家人了,共欢乐,共进步。现在,让小王为我们唱支歌,好吗?"小王听了这番话,被深深感动,感到了新班集体的温暖和凝聚力,很快与大家融在了一起。

主持人是很细心的人,善于观察他人心理的细微变化,并用赞美、鼓励的话解开其心中的不快。如果是个马大哈,只顾自己开心,那么气氛一定不会很融洽。

 **从语言去了解对方的想法**

与人交流要想洞悉他人的心思,通过对方的语言去了解对方的想法也是一个非常好的方法。

1. 从音色了解对方的心理与性格

高昂的声音中如果尖锐响亮,通常是无法抑制自己的感情而愤怒的时候,同时也是感到紧张的时候。对方发出这种声音时要特别留意。相反,情绪平和安详,觉得对方的身份比自己低时,音频会放低而带有沉重感。当对方充分理解自己所说的话时,语调也会渐渐变沉变低。换言之,声音语调的高低是判断对方紧张感的关键。而若要激励他人,则切莫选择其感情激动时,这样反而会适得其反,达不到所想要的效果。

声音的大小和个人的性格有密切的关系,喜欢大声怒吼的人通常支配欲强,喜欢单方面贯彻自己的意志,以自我为本位。声音小者,多半性格内向或习惯压抑自己的感情。

另外,声音显得单调而没有抑扬顿挫的韵律时,通常是对对方抱有冷淡的感情,或不想与之打成一片。精神上处于不安的时候声音也会变得单调。觉得无聊或懒得回答时,声音也会渐渐失去韵律感。有韵律感,显得生机勃勃的声音,是与朋友交谈或对对方有亲近感时所发出的。在购买想要的东西时，声音自然会流露出韵律感。

2. 从遣词造句上判断其性格、特点

卡耐基认为：经常爱把"我"或"俺"挂在口上的人，多骄傲自负，自我表现欲强，容易走向专横霸道；喜欢借用名言的人则多是权威主义者。

根据美国心理学家李彼得和怀特的研究，霸道型的老板——即领导人为专制型的团体成员，都很容易说"我"；而领导人为平均主义者的团体成员，则比较喜欢说"我们"。经常用单数第一人称的人，独立心及主体意识都比较强，而一向使用复数人称者，则比较没有个性，其中以团体埋没或附庸型的人居多。

生活中还有很多人喜欢借用别人所说的话来表示自己的意见，这是一种自我扩大欲在起作用，表示还有更多的人和自己意见一致。特别表现在借用名人的名言、格言方面，就更提高了自己说话的权威性。而另外一些人借助父母的话表达自己的意思。如某女性说："家母说你是个很好的人。"这就是借母亲的话在表达对对方的爱情，并提高了对方的信心。

3. 听语气，识性格

一般而言，会随所处环境及面对的人而改变语气的人，自卑感和攻击性都很强，尤其是喜欢在众人面前颐指气使的人，更可能是处于劣势的人，他们平常被抑制的情绪，会选择适当的时间、场所、人物发泄出来，借着骄傲的语调来解除平日的积郁。

这种人选择改变语气的时间，以离开工作单位或工作任务时为多，女性通常会选择百货公司、超级市场等，而男性则以酒吧、餐厅、同学会等为主。至于所选择的人物，都是些与自己工作无关的人。

如果你正需要激励这种人，无疑是非常受其欢迎的，他们心里一定会得到很大的满足感，由此也会对你产生许多正面感情。

4. 听弦外之音

人的声音在语言中的确是表达心理的一个重要工具，但每句话的含义对于识破人心，也起着举足轻重的作用。人们使用语言时，常常会为了巧妙地达到自己的目的而不会让语言直接表达自己真正的意思，而会以修饰过的语言来传达。比方说，当我们偶然遇到一位不太熟的朋友时，一定会客套地说："啊！好久不见，下次有空请到我们家来玩。"这种说话方式当然是种外交口气，意思并非是真正的邀请。了解这一点后，我们都能认清此乃客套话，所以不真的前往拜访。但如果有人误以为是真邀请而真登门拜访时，一定会惹来或大或小的麻烦。不懂他人说话真意的人，便是不懂人情世故的人。

5. 做到"善解人意"

要做一个会"听"话的人，最主要的还是让对方多说话，凡是善解人意的能手，都是借着相互的交谈来透视对方。韩非子认为：如果要听取对方的意见，就应该以轻松的态度来交谈，你可以从旁引导，让对方有多开口说话的机会，对方肯说出他的意见，我们就能根据他的意见去分析透视他的心理。

每一个人都喜欢叙述有关自己的事，都想美化自己，也都想让对方相信自己的叙述，但这种一吐为快的心理，有时会受到某种因素的限制，不敢大胆地说。遇到这种情况，你应该想办法解除限制，对方就会自动地说出心意了。这样，你就可以顺着对方的心意来进行激励，从而达到让对方心情舒畅，认为你善解人意等效果。但这种激励的行动，不宜太快或太慢，因为过长或不及都会使对方认为你是虚伪的，反而将事情搞糟。

真正巧妙地进行激励的方法，就是要了解对方说话的内容和趋向，然后从多方面协助他（就像向导一般地为他开路）使他的谈话能够流畅，最好在他做结论时，你就可以激励他了。"你说得真有道理""你想得真周到""你真是为人做了件大好事"等简单的一两句话，就能达到很好的效果了。

6. 话题透视

不论是初次见面或是相识已久的人，见面时交谈的话题，往往是其关心或嗜好的直接表现。一个人心中有热衷的事，会自然出现在话题上。比如，非常专注地投入工作的人，他的话题自然会集中在工作上，面对这种人，无需运用深层心理术去分析。然而，并非所有的人都如此单纯、明快，有些人的关心、爱好往往没有直接出现在话题上，特别是怀有很深的自卑感或有某种欲求不满的人，由于压抑的心理作用，往往以不同的话题曲折地反映出来。

因此，透过话题看深层心理，应大致从两方面去观察，其一是从话题内容去了解对方的内心；其二是从话题展开的方式探索其直接所在。但此二途径并非绝对独立，而是相辅相成方能达到目的。

总之，语言是将自己的意思传达给对方的工具，因此通过语言，我们可以了解对方的所想，所以我们要想深入洞察人心，用心、用眼去聆听，听出话中之话、弦外之音是非常必要的。

第三章　好的态度是交流的第一要素

　　好的态度是与他人进行交流的第一要素。好的态度让他人如沐春风，觉得舒服通畅，能让谈话顺利地进行下去；不好的态度让人觉得如梗在喉，心理不舒服，甚至让人觉得讨厌，自然就会让交流的效果大打折扣。

态度是谈话进行的前提

　　态度是口才的第一生命,是使得谈话顺利进行的前提。良好的说话态度是一个人魅力和气质的表现,能够为他赢得听者的好感和佩服。人际交往中,与人谈话时态度如何,一定程度上决定你是否受欢迎。和颜悦色、谦逊友善的人总能打动人心,处处受欢迎;傲慢无礼、冷漠虚伪的人常常被人厌恶。没有良好的说话态度,谈话就不能顺利地进行。所以说,态度决定了一切。

　　人们在交谈时总会有意见相左的时候,这时,如果你采用质问的语气,势必会导致谈话气氛变得紧张。

　　某日,在一辆公共汽车上,并排坐着的两位乘客在谈话。"昨天看的一部《孤儿的春天》实在很好。"一个乘客说。"有什么好?"另一位乘客用倔强的音调质问他。于是对话也就结束了。

　　质问是谈话中的大忌,如果你觉得别人意见不对,你不妨立刻把你的意见说出来,双方愉快地交流,何必一定要先来个质问,使对方难堪呢?被质问的人往往会被弄得不知所措,自尊心受了伤害,感到非常窘迫,甚至会恼羞成怒。所以,谈话时必须要用轻松友善的语气。

　　养成良好的说话态度还应该注意哪些呢?

1. 对别人的说话内容感兴趣

　　当别人说话时,如果你心不在焉,东张西望,或者拿出手机来发信息、打电话,别人会感到受冷落,甚至自尊心受到伤害。对别人的谈话内容充满兴趣,体现了对他们的尊重。

2. 谈话时要友善待人

如果你对别人表现出刻薄、冷淡和鄙视，那么对方谈话的兴趣也就消失了。哪怕你不喜欢听他的话，或者你不同意他的意见，也要尊重别人。如果一听到不喜欢的话，就表现出不快和不满，会把彼此的关系搞僵。

3. 谈话时保持真诚、温暖的微笑和舒畅、悦耳的音调

微笑是打开别人心灵的钥匙，能融化冷漠，消除隔阂。舒畅、悦耳的声调，就像明媚的阳光一样，使一切欣欣向荣，使谈话进行得生动活泼。

4. 学会积极适应别人

世界上没有两片相同的叶子，每个人都有自己的个性和特点，我们要努力适应每个人的谈话方式。有的人喜欢讲大道理，有的人喜欢吹捧自己，有的人喜欢娓娓而谈，有的人喜欢直来直去……所以，我们要积极调节自己去迁就一下别人的兴趣与习惯，这样才能使谈话顺利进行。面对满腹经纶的人，让他尽情地宣泄；面对失意的人，多给一些安慰与同情；面对软弱的人，多给予一点鼓舞和激励。

与人谈话态度的好坏，是你和别人谈话成功与否的关键。拥有良好的态度，你的谈话已经成功了一半。如果让不良说话态度形成习惯而不加以改变，你的口才再好也有可能破坏谈话效果。如果你一说话就招人反感，你肯定会成为不受欢迎的人。所以，养成好的态度是说好话的基础，也是让别人喜欢你、尊重你的基础。

学会说话的基本礼仪

（1）不要把别人当"机器人"。

心理学教授坎贝尔说："我始终不明白，为什么要有机器人这个说法。只要词语中带有人字，无疑意味着人为地拔高物质的高度。我认为应该把机器人称为机器鬼，这样就不至于把机器和人搅和在一起。反正机器人这个说法令人觉得别扭。"

不要以为他人是机器人，可以由你想怎样操纵就怎样操纵。只有学会尊重他人，意识到对方也拥有充分的潜能，能够从他人的角度理解问题，才会有真正意义上的沟通。

永远没有完美的技巧，但经由技巧却可能有完美的结果。这也是果实优于枝条的道理。

沟通是彼此的事，一个巴掌拍不响。当你运用技巧时，别人也会运用技巧。当然，沟通是有目标的，你可以使自己的愿望处于优势，并且尽可能达到这个对自己有利的结果。但这多少有些一厢情愿，因为别人也运用技巧，彼此力量的消长有一个合适的中点，那是双方可以接受的结果。沟通能达到这个目的，双方都应该满意，虽然这个结果跟你渴望的结果有些差别，但也应该坦然接受。

（2）尽量多采用含蓄的暗示方法。

既然他人不是机器人，他人理所当然应该受到你的尊重。而尊重他人的妙招应该算是暗示吧？暗示就是为了保全他人自尊时采取一种比较含蓄的不直接指责、指使他人的方法。也就是间接地让人做出你希望他人做的事。

暗示可以成为他人行动的动力，他们在接受暗示时，已经感到了受尊重的意味，就会主动帮你达到你渴望的结果。暗示可以让人心甘情愿地和你沟通。

（3）运用漂亮的语法。

世上每一种语言都有其特殊的美，其中都有很漂亮的语法。沟通也是一种语言交流，漂亮语法的运用就很合适。

当然，漂亮语法绝不是指滥用形容词之类肤浅玩意儿。它的的确确是一种语法，它将各种词语巧妙地运用，不仅仅限于形容词。

"然后……""这时……"等语法可以给人流畅感，他人就容易顺应你的思路，承启转合之间，沟通已经趋向圆融。使用"因为……""所以……"等语法，则给人很讲逻辑，很讲道理的感觉，他人就会心服，谁愿意跟一塌糊涂不讲理的家伙打交道呢？

语法是有玄机的，成功地运用玄机的语法都是漂亮的语法。在漂亮语法当中，先尊重对方的态度，然后，说出自己的要求，只要语法得当，就算前后矛盾，对方也不会觉得受到伤害，可以接受你的观点和建议，并愿意合作。

（4）移动他人的观点。

在沟通时，接纳对方的观点，然后再削弱他人的观点，是一个尊重他人的好办法。生活中，人的观点多种多样，纷繁复杂地围绕在你周围。这些观点有容易理解的，也有摸不着头脑令人难以把握的。观点是容易冲突的，人都不愿放弃自己的观点，所以，沟通时不要破坏对方的观点，只能悄无声息地移动他人的观点，让它靠拢自己的人生观。记住，移动，不是改变。

移动他人的人生观，可以采用游戏性质的做法，让别人感觉不到严肃的压力，因为人生观可是个严肃的大问题。而在游戏中，人生观稍有移动和变化，他人是不会觉察的。

（5）运用动作进行暗示。

我们的人体是有语言的，我们的动作往往可以暴露我们的心情。同样地，他人的动作也会泄密。所以，沟通中的人对他人的动作是很敏感的，你正可以利用它。

如果与人交谈时，你做侧头深思的动作，你的体语就告诉对方，这个问题你有疑问，这比直接予以打断他人的语流更有效，不至于立刻和对方抵触。他人一定会问："有什么不懂吗？"这样由他人自己中断语言流程，可以有效地保证他人自尊心不受伤害。

如果想中断谈话，急于离开去做别的，你可以不停地偷看手表。手表有时候可能就是心理时间的外壳。他人会问："有事吗？你可以先走。"你就可以很有礼貌地全身而退。

体语的运用，很讲究空间。在宽敞的房间里交谈，彼此可以做到公平。但要达到亲密关系的程度，还是狭窄房间为好。谈话时中间不隔着桌子更容易融洽。距离上的靠近也会造成精神的靠近。

体语也可以保全自己的尊严。迟到时气喘喘地表现着急赶来的样子，他人容易原谅。

（6）乔装弱者。

世上总有很多人喜欢表现自己的力量和能耐，在他们眼中，他人总不如自己。这种人很可能令你讨厌，但你可以利用他们。他们喜欢表现就给他们表现的机会嘛。

最简单的办法就是，在他们面前故意表现得笨手笨脚，他们会哼着鼻孔走过来说："真是差劲，让我来！"于是，他们就自己动手做起来。这个方法儿童们都会用，何况成人。

最聪明的办法是询问，表现得很虚心的样子去求教，他人怎么会不理睬，说不定一边做一边教你怎样做呢。

（7）注意谈话时的礼节。

适当的礼节，不仅对于人与人之间的交往是十分重要的，而且在谈话中，它也起着不可忽视的作用。因此，一个有经验的谈话者总是保持着恰如其分的礼节的。

①谈话的表情要自然，语气和气亲切，表达得体。说话时可适当做些手势，但动作不要过大，更不要手舞足蹈，不要用手指指人。与人谈话时，不宜与对方离得太远，但也不要离得太近，不要拉拉扯扯、拍拍打打。谈话时不要唾沫四溅。

②参加别人谈话要先打招呼，别人在个别谈话时，不要凑前旁听。若有事想与某人说话，应待别人说完。有人与自己主动说话，应乐于与其交谈。第三者参与谈话，应以握手、点头或微笑表示欢迎。发现有人欲与自己谈话，可主动询问。谈话中遇有急事需要处理或要离开，应向谈话对方打招呼，表示歉意。

③谈话现场超过三人时，应不时地与在场的人都谈几句，不要只与一两个人说话而不理会在场的其他人，也不要与别人只谈两个人知道的事情而冷落第三者。如所谈问题不便让旁人知道，则应另找场合。

④在交际场合，自己讲话要给别人发表意见的机会，也应适时发表个人看法。要善于聆听对方谈话，不轻易打断别人的发言。一般不提与谈话内容无关的问题。如对方谈到一些不便谈论的问题，不对此轻易表态，可转移话题。在相互交谈时，目光应注视对方，以示专心。对方发言时，不要左顾右盼，心不在焉，或者注视别处，显出不耐烦的样子，也不要老看手表，或做出伸懒腰，玩东西等漫不经心的动作。

⑤注意谈话内容。尽量不要涉及疾病、死亡等事例，不谈一些荒诞离奇、耸人听闻或者黄色淫秽的事情。一般不要询问妇女的年龄、婚姻状况。所谓"见了男士不问钱，见了女士不问年"是也。不要径直询问对方履历、工资收入、家庭财产、首饰价格等私人生活方面的问题。与妇女谈话不要说她长得胖、身体壮、保养得好，等等，对方不愿回答的问题不要追问，也不要究根问底。对方反感的问题应表示歉意，或立即转移话题。

⑥男子一般不要打扰或参与妇女圈内的议论，也不要与妇女无休止地攀谈而引起旁人的反感侧目。与妇女谈话更要谦让，

谨慎，不与之开有伤大雅的玩笑。争论问题要有节制。

⑦谈话中要使用礼貌语言，如：你好，请，谢谢，对不起，再见等。在社交场合中谈话，一般不过多纠缠，不高声辩论，更不能恶语伤人，出言不逊。即使争吵起来，也不要斥责，不讥讽辱骂，最后还要握手而别。

 ## 说话同时也需要宽容的心态

别人也许真的错了，但他们自己并不这么认为。或者，他虽然明知错了，也希望得到足够的尊重。所以，别去指责他们，因为那是愚人的做法。尝试着去理解他们，只有真正智慧、宽容的人才能做到这一点。

一个人犯错误，往往不是因为他不知道是在犯错误，而是因为他想犯错误。宣传教育对于想犯错误的人基本无效。防止犯错的方法有两种，一种是让人不敢犯错，一种是让人不想犯错。前者是强制手段，见效快而难服人心；后者是沟通艺术，见效较慢而作用力持久。要想让一个人对自己的行为真正负责，依赖于他的自尊和良知的觉醒。那么，首先要设法帮他保住面子，以免他自暴自弃。

有一种人，脾气粗野狂暴，不管什么事都能搞得像滔天大罪那样不可饶恕。他们这样做并不是出于一时的狂怒，而是源于他们自己的禀性。他们谴责每一个人，要么为这个人做过的某件事，要么为他将做的某件事。这暴露出一种比残忍还要可恶的性情，这种性情才真是糟糕透顶。他们是如此夸张地非难别人，以至于他们能把别人原本是芝麻大小的一个问题渲染得像西瓜那样大，并借此将其全盘否定。他们是不通人情的工头，能把天堂糟践成牢房。盛怒之下，他们把一切都推到极端。

这样做有什么好处呢？别人丢了面子，而他得到了怨恨。

有智慧的人绝不如此处理问题，他把别人的自尊放在第一位，然后才设法将事情导向好的方面。

一天中午，一位老板到工厂进行例行检查时，看到一些员工在挂着"禁止吸烟"的标牌下面吸烟。没有比明知故犯更可恶的事情了，这是多数人的看法。这位老板却没有多数人这么敏感。他走到这些工人们身边，递给每个人一支烟，说："小伙子们，如果你们能在外面抽烟的话，我就真要感谢你们了。"

小伙子自然知道自己违反了厂里的规定，但老板不仅没有指责他们，反而给了每人一支烟。他们的自尊得到了尊重，所以公然在厂内吸烟的人再也没有了。

当一个人犯了错误时，往往能找到上百个理由为自己辩护，其中一个最常用的理由是："换了是你，不见得比我做得更好。"当一个心里有了这种想法，你说得再多，他也不会心悦诚服。这时候，最有效的说服是言传身教，把你要求他做好的事做给他看。

日本大企业家、三洋公司创始人井植薰，喜欢遵守规则又敬业的员工。而他本人也绝对遵守公司的各项规章制度并且勤奋敬业，决不因为自己是老板而打半分折扣。比如，他每天早上7点，准时到达公司，准确率比闹钟还高，而且几十年如一日，若非出差，绝无误差。他本人如此律己，所以他公司几乎没有一个不勤奋敬业而遵守规章的员工。

比尔·盖茨欣赏聪明而干劲十足的员工，但他没有每天安逸地躺在床上，逼员工加班加点干活。在创业的最初十几年，他跟普通员工一样，每天工作16个小时，累了就往地板上一躺，睡上一觉，睡醒了爬起来接着干。

一个人能做到他提倡的事，比他唠唠叨叨说一万遍更有说服力。

有的人并无意伤人面子，只是说话时表达不当，造成了实际伤害的效果。

比如，有些领导提倡"在总结成绩的基础上找差距"这种批评方式，目的就是为了照顾下属的面子，效果却不见得好。

比如，老板对一个业绩不佳的员工说："我对你的工作表现非常满意，但是如果你能在工作方法上注意一点，业绩肯定会提高。"

员工开始会觉得受到了鼓励，直到听到"但是"两个字，他很可能因此而对最初的表扬产生怀疑，对他来说，这个表扬也许只是后面批评的引子而已，可信性遭到质疑。

如果老板这样说："我对你的工作表现很满意，而且你的进步也很明显，说明你在这方面有潜质。如果在工作方法上做一些改进，我相信你的进步会更快。"这样员工便不会感到批评的暗示，同时也能够受到鼓励，并尽力做得像老板期待的那样好。

有的人把自己的面子看得贵如金，却把别人的面子看得贱如纸。他们为了自显高明，无视他人尊严，甚至将对方逼到非反抗不可的地步。其结果，也不过自取其辱罢了。

素来以傲慢无礼、举止粗鲁而闻名于世的赫鲁晓夫就曾尝到过伤人面子的苦头。那是1957年，美苏首脑举行会谈，美国副总统尼克松应邀出访苏联。在此之前，美国国会通过了一项《关于被奴役国家的决议》。这一决议受到苏联最高领导人赫鲁晓夫的激烈抨击，本来他可以采取其他比较得体的方式表达自己的看法，但赫鲁晓夫却选择了一个既有失身份，又伤人尊严的方式。在美苏首脑会谈中，他指着尼克松吼叫着："这项决议很臭，臭得像马刚拉的屎！没有什么东西比那玩意儿更臭了！"

在这种关系到国家和民族尊严的场合，尼克松当然也不会示弱，他知道赫鲁晓夫年轻时曾当过猪倌，就慢条斯理、一字一句地说："恐怕主席先生说错了，还有一样东西比马粪更臭，那就是猪粪。"

赫鲁晓夫不禁一时语塞,尽管他是一个很有自制力的领导人,也不免羞得满脸通红。

在人际交往中,只要维持住双方的面子,则一切争端都有回旋余地;一旦撕破脸皮,就极可能转入火星四溅、双方都无力控制的局面。为了自己的面子,不给别人留余地,绝对是在做蠢事。

此外,在人际交往中,由于知识缺陷,每一个人都会说蠢话、做蠢事;由于价值观不同,每个人都有自己的偏见。看见别人说蠢话、做蠢事时,或者坚持自己的偏见时,为了保住他的面子,最好是给他一个"台阶"下,这对于维持双方的关系是非常重要的。

 ## 以谦虚的态度来交谈

谦虚是一种美德,是一个人涵养的外化。古往今来,人们给予它以崇高的赞美。

谦虚之所以受到尊崇,就因为它是做人的美德及事业成功的法宝。但是,在现实生活中,谦虚也并非想做就能做到,有的人得到领导的表扬、同事的夸奖,内心里着实想谦虚一番,却寻找不到适当的表达方法。要么手足无措,面红耳赤,支支吾吾,要么说一些"归功于集体、归功于人民"的套话,听起来让人觉得虚假。

那么,在社交场合,不同的时间,不同的环境,不同的氛围,如何用不同的方式表达自己的谦虚,才能给人留下一个良好的印象呢?

转移对象。如果表扬或赞美使你感到在众人面前窘迫的话,你不妨想办法转移人们的注意力,使自己巧妙地"脱身",把

表扬或赞美的对象"嫁接"到别人的身上,但要有所依据,不然也会显得空和假。

妙设喻体。直言谦虚,固然可取,但弄不好会给人一种虚假的感觉。特别是两个人之间,如果仅仅说"你比我强多了"这类话,容易有嘲讽之嫌。遇到这种情形,你不妨用一个比喻方式,巧妙地表达自己的谦虚。

自轻成绩。任何称赞和夸奖,都不可能毫无缘由,或者因为某件事,或者因为某方面的成绩。这时你不妨像绘画一样,轻描淡写地勾勒一笔,却在淡泊之中见神奇。

相对肯定。面对别人的称赞,如果把自己说得一无是处,不但起不到谦虚的作用,反倒给人一种傲慢的感觉。正如俗话所说:"过分的谦虚等于骄傲。"现实生活中,类似这样的情况屡见不鲜。所以,谦虚要掌握一定的分寸。

征求批评。面对人们的赞美,诚恳地征求大家的批评,这是表现你谦虚精神的一种最有效的方法。但要注意适当适度,不然虚心也就变成了虚假。

我们在社交生活中,可以根据不同的场合、不同的环境、不同的交际对象,去不断创造自我,虚心学习。

只要虚心而诚挚,努力追求谦虚的品格,在谈话时保持平和坦诚的态度,尊重对方,就一定会成为一个受人敬重的人,说话的分量也会相应增大。

 ## 用心倾听他人的诉说

在不同的时间与情况下人类常以不同的方式去听一切声音。有些场合,我们听得很专心,有些场合,我们却心不在焉。例如,有些人在公司能够很专心地听上司或老板的讲话,但回到家里,却对家人的话充耳不闻。

有效倾听的缺乏往往导致错失良机,产生误解、冲突和拙劣的决策,或者因问题没有及时发现而导致危机。有效的倾听是可以通过学习而获得的技巧。认识自己的倾听行为将有助于你成为一名高效率的倾听者。按照影响倾听效率的行为特征,倾听可以分为三个层次。一个人从第一层次到第三层次的过程,就是其沟通能力、交流效率不断提高的过程。

第一层次:在这个层次上,听者完全没有注意说话人所说的话,假装在听其实却在考虑其他毫无关联的事情,或内心想着辩驳,他更感兴趣的不是听,而是说。这一层次包括三种方式:1.表面的听,知道眼前有人在说话,但却只是关心自己心里正在想的事情;2.半听半不听,为了要找寻自己发言的机会,所以不得不偶尔听一下人家在讲什么;3.安静而消极的听,听是听了,但没有反应,没有几句真的被听进去。这一层次的倾听者可能眼睛瞪着说话的人,但他可能更在乎的是自己的心情而对别人的话并不在意。这种层次上的倾听,导致的是关系的破裂、冲突的出现和拙劣决策的制定。

第二层次:在这一层次下,人们只能作肤浅的沟通,听到讲话者的声音也听到他的话了,但听得还不够深刻,没有理解其真正的含义。听者主要倾听所说的字词和内容,但很多时候还是错过了讲话者通过语调、身体姿势、手势、脸部表情和眼神所表达的意思。这将导致误解、错误的举动、时间的浪费和对消极情感的忽略。这一层次的人表面上看起来确实是在听,有时也会通过点头同意来表示正在倾听,好像是理解了,而实际上并非如此。于是,彼此之间的误会很容易在不知不觉中发生。

第三层次:这一层次的人专心而有效地倾听,表现出一个优秀倾听者的特征。这种人带着理解和尊重倾听,把自己放在讲话者的立场,试图以讲话者的观点去看待事情。这种倾听者清楚自己个人的喜好,避免对说话者作出武断的评价;对于激烈的言语，能掌控自我情绪，不受负面的影响；不急于作出判断，而是感同身受对方的情感；询问而不辩解、设身处地看待人和事物。

在说话者的信息中寻找感兴趣的部分，他们认为这是获取新的有用信息的契机。高效率的倾听者清楚自己的个人喜好和态度，能够更好地避免对说话者作出武断的评价或是受过激言语的影响。不让自己分心，不断章取义，不忽视言辞以外的信息（如讲话者的身体动作等），好的倾听者能够设身处地看待事物，通过询问而不是辩解的方式与对方交流。

倾听对管理人员至关重要。当一个员工明白自己谈话的对象是一个倾听者而不是一个等着作出判断的管理人员时，他们会不隐瞒地给出建议，分享情感。这样，管理人员和员工之间能创造性地解决问题，而不是互相推诿、指责。

大概80%的人只能做到层次一和层次二的倾听，在层次三上的倾听只有20%的人能做到。如何实现高层次的倾听呢？以下几点可供借鉴：

1. 以一种关心的态度，让说话者试探你的意见和情感，同时感受到你是以一种非裁决的、非评判的姿态出现。不要立即问一大堆的问题。

2. 带着理解和相互尊重进行倾听。

3. 透过非语言行为，如眼睛接触、某个放松的姿势、某种友好的脸部表情和宜人的语调，可建立积极和谐的氛围。轻松、专注的表现，可使对方感到安全和被看重。

4. 表现得像面镜子：回馈你认为对方当时正在考虑的内容；总结说话者的内容以确认你完全理解他所说的话，如"我想你刚才是要告诉我……"。

5. 避免先入为主，过早下结论。以个人态度投入问题时，往往导致愤怒和受伤的情感。

6. 用简单的语句认同对方的陈述，例如"嗯""噢""我明白""是的"或"有意思"等,还有"说来听听""我们讨论讨论""我想听听你的想法"或者"我对你说的话很感兴趣"等,鼓励说话者谈论更详尽的内容。

7. 细心观察他(她)的声调和肢体语言。

获得进步的第一步是倾听。

倾听是一种领导者的交流手段,为了提高倾听效率,领导者要有意识地锻炼自己的听话能力与听话技巧。以下一些效果可作为倾听效率是否提高的指标:

①能解释谈话人的面部表情。

②能理解谈话人用词的意图。

③能理解弦外之音。

④能对谈话的内容进行全面评估,而不在乎他具体谈些什么。

⑤能明确谈话人提出的假设。

⑥能把谈话人的观点和事实分开。

⑦能用自己的语言准确重述谈话人的想法。

⑧能判断出信息来源的可靠性,谈话人的真正想法、问题所在、谈话目的。

当然,要做到以上几点不是一件容易的事,有许多人在听完对方的长篇大论、口沫横飞的表达之后,还是一头雾水地频频追问:"你到底说了些什么?"这是因为我们中大多数人没有或很少受到听话的训练,缺乏听话所应该具有的理解技巧——用心倾听。

用心倾听要求你把注意力集中于说话人的身上,要心无二用。听别人讲话最忌讳"左耳进,右耳出",别人的讲话在自己的心中没有留下任何痕迹。

1. 阻止分心

注意力分散是有效倾听的最大障碍之一,在倾听时使人分心的因素很多,一定的生理疲劳使我们感到厌倦,而其他的新异刺激也将我们的注意力转移到其他人或事上。除了周围的噪音,演讲者的口音和方言也可能让你分心,不感兴趣的主题或组织得不好的演讲,也可能很快让你失去热情而分散注意力到其他事情上。但是,好的倾听者,常常保持着良好的弹性,他们会排除干扰,并努力倾听说话者信息中的要点。具体做法是:

①做做深呼吸。
②寻找有趣的方面。
③注意参与的姿势。
④保持距离。
⑤保持目光交流。目随耳移,这是自然的现象,对于你在用眼睛去看的东西,你也差不多会用耳朵去听。

2. 在主题里制造兴趣

在演讲或会议的开始,当听到主题时,先在心里思考一下所有你想知道的有关该主题的问题。在倾听时持以开放的心胸和积极的态度,你会发现你很容易跟随演讲者的节奏。在整个倾听过程中,即使你对他所说的话感到失望,也要努力试着倾听正面的及有趣的信息。拉尔夫·尼科尔斯这样建议:"他所言,有什么我可以利用?他的哪些观念有价值?他正在报告什么方法?我能派上用场吗?我能运用这些信息并让我快乐吗?"向自己提出这些问题能够帮助我们整合个人价值观,以便更好地倾听。记住:"没有无趣的主题,只有无趣的人。"

3. 关注内容

希腊有句谚语:我们在路上遇到的每一个人,都有我们不知道的知识。"听"是一种容易获得新信息的活动,你能听得越投入而不加评判,那么你的沟通能力就会越好。

人们常说,不要根据封面来评论一本书。同样,当我们听别人讲话时,也不要受自己对说话者的评价而忽略其表达的内容。

在听话过程中,我们要以开阔的胸怀去自由地倾听,要关注讲话者的内容而不要评价讲话者。

学与听是并驾齐驱的。学习的动力增强你更好地去听的欲望。如果你对讲话者厌烦了或对他不置可否,那么你就不会全神贯注地去听。这样只会导致你学不到任何东西。增强倾听效果的一个很好的方法是对自己重复说"教教我"。除此以外,我们还可以选择以下三个策略:

①不要详述你是同意还是不同意。

②对你不熟悉的题目要特别注意。

③把你获得的新信息与你已有的旧知识有机结合起来,当你从他人那里得到知识时,要把新的与已熟悉的联系起来。

4. 捕捉要点

尽管一般情况下,人们的说话和谈论并不都是金玉良言,而是有许多平常的、芜杂的甚至是多余的东西。但对处处留心的人来说,往往能在用心倾听别人谈话的过程中,获得某种宝贵的知识和信息,从而触发自己的思考,迸发灵感的火花。

人们在听时是否能及时、有效地捕捉到有用的信息,这也是听话的基本目的之一。说话人常常会把话语的意思隐含在一段话里。前面的话,往往是引子,是提示;当中一段话,有时是要点,有时是解释;后面一段话,也许是结论,也许是对主要意思的强调或引申。

我们在听话过程中,要善于从说话人的言语及语言的层次中捕捉要点与信息。一般,说话人在强调某些重点语句时,常采用一些方法,比如:故意放慢语速、突然停顿、提高声调或故意降低声调以及手势等加以提示,这样我们可以从说话人的语气、手势变化来捕捉信息。

从聆听中可以获得信息,因而不会倾听的领导者会使提供信息的下属感到扫兴,他们就不再向领导者提供可能影响工作的重要信息。因此,领导者是否能有效地聆听,将会影响这个单位的各方面的工作。一旦领导者掌握了这些聆听技术后,就会发现听别人谈话是有趣而令人兴奋的。

好的听众拥有广阔的市场。

注意自己说话的语境

说话的语境,即指语言本身所产生的说话环境、氛围等,是说话艺术中最不易把握的,也是最常见的一种现象。不同的言语表达不同的内容,产生不同的气氛,如果不注意说话的语境变化,我行我素,一意孤行,不知变通,不仅起不到说话的效果,有时反而会使谈话无法进行下去。

一位早年毕业于某高等院校中文系、勤勤恳恳工作了几十年的老教师退休了,为此,学校为他和另一位曾多次荣获过"先进个人"的退休老同志一并举行了一个欢送会。

与会同志和领导对他们的工作和为人进行了热情洋溢而又非常得体的肯定和赞扬,相比之下,对那位曾多次荣获过"先进个人"的老同志的美誉尤多。当轮到两位受欢迎的退休老同志致答谢辞的时候,他们对大家的赞誉做了深情的感谢。

一时间,会场里充满了一种令人动情的温馨气氛。作为答谢,话本该说到这里为止,但那位老教师并未就此打住,却由人们对另一位"先进"老同志的赞扬引发了感触,并作了颇为欠妥的联想和发挥:"说到先进,很遗憾,我从来也没有得过一次……"话犹未尽,坐在他对面的、平日与他相处得不很融洽的一位青年教师突然抢过话头:"不,那是我们不好,不是你不配当先进,是怪我们没有提你的名。"话语中带着一种不肯饶人而又让人难堪的"刺",冷不防,老教师的眼角眉梢被"刺"出了一股感伤的表情,一时间会场中出现了一种怏怏不悦的尴尬气氛。

一位领导见势不对,马上接过话茬,想把气氛缓和一下。照理说,这时,他应避开"先进"这个敏感的话题,转而谈论其他。然而,他却反反复复劝慰那位退休老教师,叫他对"先进"的问题不要在意,说没有评过先进,并不等于不够先进,先进不仅在名义,更要看事实。如此等等,一席话等于是把本应避而不谈的话题作了重复和引申,使本已尴尬的局面变得更为尴尬。

 ## 不妨多说几句"谢谢"

在任何一部汉语词典里,很少有词语一讲出就能立刻赢得一个人的好感,起到化敌为友、抚平自私心理、提高自尊心的作用。然而,"谢谢"这个词却有这个魔力。但"谢谢"却常常被人轻视,或因太简单而忽略,以致我们中的许多人因此而与好人缘失之交臂。我们常常听到这种抱怨,"我并不介意做这些事,只要他每次能说声'谢谢'",甚至说,"我为她做了那么多,她连声'谢谢'都不会说"。

说声"谢谢"本是世界上最容易,也是最为可靠的办法。

那么,在交际中,怎样说谢谢呢?表达谢意可以用很多方式说出来。然而,无论被怎样打扮,譬如用鲜花、午餐回报,或者其他方式,这个词,或它的一种变化,一定要说出来或写下来。以下是一些传播这个不起眼但绝对重要的信息的方法。

1. 说出谢谢。告诉他(她),他(她)为你做的对你来说是很重要的，和在哪一方面帮助了你。如"我真的非常感谢你对我在学习上的帮助。"

2. 给予赞扬。让他（她）知道你认为他（她）为你做的事是很特别并值得珍藏的。如"谢谢你的咖啡。我想我会记你一辈子。"

3. 予以回报。告诉他（她）你感谢他（她）为你做的，并准备回报这个好心人。如"我很感激你能在开顾问会议时回我的电话，以后只要有用得上我的地方，请随时找我。"

4. 写个条子表示谢意。说声谢谢是很有作用的，但写下来会更胜一筹。不妨亲笔写一个条子表达你的谢意。

5. 电话致谢。"我打这个电话只是为了感谢你……"

6. 送份礼物。送份礼物并附上一张便条。只要你送的礼物能够非常适当地表达出你的感谢，送什么并不重要。一个老板请他的秘书去看了场一流水准的高尔夫球赛。为了投桃报李，她买了一个独特的礼物———一个高尔夫球棒的缩微模型，然后写了个感谢的便条放在礼品盒里一并送给了他，老板收到后深感欣慰。

7. 传达谢意。告诉别人你有多感谢他为你所做的一切，最后这话一定会传到给予你帮助者的耳朵里去，如"王敏这人真好。她帮我安排了那次会议。要是没有她的帮忙，我真不知该怎么办好。"当你的谢意通过别人的嘴传到她的耳朵里时，定会增色不少。

8. 提供帮助。与他们在一起，主动提出为他们的工作助一臂之力。比如帮助校对个长篇报道，说"我来帮你干这事儿。甭客气，你帮我的次数可太多了。"

9. 请客吃饭。邀请你要感谢的人去吃午餐或晚餐，一定要表明你这是为了感谢她的帮忙。如果你邀请的是已婚者，应当把她（他）的配偶一并邀请去。

 ## 让你的语言发自内心

在话语交际过程中,要使对方感受到情感的真实,说话人的话语一定要受到发自内心的充沛的情感支配。作家王潜先生论所谓"零度风格"时告诫我们:"说话人装着对自己所说的话毫无情感,把自己隐藏在幕后,也不理睬听众是谁,不偏不倚,不痛不痒地背诵一些冷冰冰的条条儿,玩弄一些抽象概念,或是罗列一些干巴巴的事实,没有一丝丝的人情味,这只能是掠过空中的一种不明来历去向的声响,所谓'耳边风',怎能叫人发生兴趣,感动人,说服人呢?"有人说得好:"只有被感情支配的人最能使人相信他的情感是真实的,因为人们都具有同样的天然倾向,惟有最真实的生气或忧愁的人,才能激起人们的愤怒和忧郁。"

正当希腊面临马其顿王国的入侵,而有遭受亡国和失去自由的危机的时候,希腊著名演说家德摩斯梯尼曾经做过一次著名的演说,他的每一句话,每一个词语都充满着发自内心的极为丰富的爱国主义情感。他热情洋溢地说:"即使所有民族同意忍受奴役,就在那个时候,我们也应当为自由而战斗。"从这洋溢着爱国热情的词句中,人们看到了一颗真挚的拳拳之心,因而他的演讲激励了无数的希腊人从聆听演说的广场直接奔赴战场,连向家人作一声道别也认为耗费了时光。他的敌人,马其顿的国王腓力见到这篇演说词,也不由感慨地说:"如果我自己听过德摩斯梯尼的演说,连我也要投票赞成他当我的反对者领袖。"

"感人心者,莫先乎情。"能让对手击节赞叹,这其中蕴

含了多么真挚、奔涌的情感,这炙热的爱国主义情感从心底的火山喷发,产生了惊天动地的力量!

让别人愿意听你说话

有些人说话虽然在内容上不占优势,但他的说话方式却会给人一种非常迷人、令人舒服的感觉。毕竟说话者有其本性,每一次对话会因为说话技巧的不同而有各种不同的回响、反应。那么,使对方愿意听我们说话并把他步步引入对话的绝佳境地有什么技巧呢?

1. 风格明快

生活中大多数人不喜欢晦暗的事物,即使草木也需要阳光才能生长。同样,给人阴沉感的谈话,会让人有疑虑感、厌恶感及压迫感。反之,说话简洁明快,则容易让人接受。

2. 声音独特

有的人说话的声音给人一种享受,因为他(她)的嗓音实在是很动人。他们(她们)谈话时,非常注意说话的声音,而选择说话的声音,完全依靠他们(她们)的天赋、个性及所要表达的情感而变化。有条件的话,你可自我充当对象,把自己的话录下来再仔细地听,你可能会吃惊地发现,自己说话竟有那么多毛病。这样经常检查,发音的技巧就会不断提高。

3. 语气肯定

每个人都有自尊心,很容易因为某些微不足道的事就感到自尊心受损。如此一来,你要在谈话中稍不注意说话的方式方法,他(她)会立即反射性地表现出拒绝的态度。所以要对方听你说话,首先得先倾听对方要表达些什么。所谓"说话语气肯定"并不是指肯定对方说话的内容,而是指留心对方容易受伤害的感受。

4. 语调自然

自然的声音总是悦耳的,在交谈中我们应该注意,交谈不是演话剧,无论你是什么样的语调,都应自然流畅,故意做作的声音只能事与愿违。当你交谈的对象不是一个人,而是许多人时,应采用以下的技巧:当前一个人声音很大时,你开始说话时就可以压低声音,做到低、小、稳;当前一个人音量较小时,你的开始句就要略提高嗓门,清脆响亮,以引起大家的注意。

5. 习惯用法

人类生存在当今的语言环境中,对于语言拥有自己的运用标准,一旦不符合标准,就会产生不协调的感觉,其中包括语气与措辞。在人际关系中,确实有必要根据实际情况或对方是谁而分别使用适当的语言。如果不分亲疏远近,一律以和同事谈话时的措辞来谈,那么对方将不会老老实实地听我们说话。

"太好了""好棒哟""真可怕"这些都是一般女孩子说话时常会冒出来的感叹词。当然,这也是一种感情洋溢的表现。一句话若没有抑扬顿挫,则流于平淡,引不起对方的兴趣,若能添一些感叹词,则能增加彼此之间的谈话的气氛,但要适可而止,过多的感叹词,亦会抹杀言词的重要性,使对方不能分辨你的意思。

6. 思路清晰

当之前的谈话争论不休,而且没有头绪时,你站出来讲话,就要力求语句简短,声音果断,有条理。

在大众场合发言时,你要想清楚自己讲什么,怎么讲,讲到什么程度。再者最好不要夹在中间,要么赶在前面,要么最后再讲,这样才能使人印象深刻。

第四章　注意说话分寸，说话恰到好处

与他人初次交谈，一定要注意说话的分寸，把话说得恰到好处，否则，不但沟通无法进行下去，而且还会给他人留下坏印象，让别人无法从内心里来相信你，更谈不上建立人缘了。因次，我们说话一定要拿捏好分寸，不该说的坚决不说，不该碰的忌讳坚决不碰，不应惹的麻烦坚决不惹。

 ## 说话要顾及场合

人只要有一点长处,就值得同他交往。而你所交往的人,都或多或少地各有长处。

心理学原理告诉我们,在不同场合环境中,人们对他人的话语有不同的感受、理解,并表现出不同的心理承受能力。比如,在小场合和大场合,家庭场合与公众场合,人们对于批评性说法的承受能力有明显的差异。通常在公众场合中使用指责性说法最易引起人们反感。试想,如果这次批评是在两个人之间进行的,对方一般也决不会顶撞,可能会很平静地接受批评。

正因为受特定人际关系和场合心理的制约,有些话只能在某些特定场合里说,换一个场合就不行。同样一句话,在这里说和在那里说也有不同的效果。因此,在人际交往中,说什么,怎么说,一定要顾及场合环境,才有利于沟通。不顾及场合的心直口快是不值得提倡的。为了追求理想的表达效果,对于心直口快者来说,起码应注意这样几个问题:

一、要在思想上强化场合意识

有些人在交际中对人说话直出直入,惹人生气,把事情办砸,完全是主观上缺乏场合意识的结果。他们对人很诚实,遇事时往往只从个人主观感觉出发,以为只要有话就应该说,心里有什么嘴上就说什么,不管什么场合环境就往外捅,结果有意无意地冒犯了人。自己还莫名其妙,不知道毛病出在哪里。有两个老工人平时爱开玩笑,几天没有见,一见面就说:"你还没有'死'呀?"对方也不计较,回一句:"我等着给你送花圈

呢!"两个人哈哈一笑了事。后来甲因重病住进了医院,乙去医院看望,一见面想逗逗他,又说:"你还没有死呀?"这一次,甲的脸一下子拉长了,生气地说:"滚,你滚!"把他赶了出去。人家正在病中,心理压力很大。他在病房里对着忧心忡忡的病人说"死",显然是没考虑场合,人家怎能不反感、恼火?其实,这位老工人说这话也是好意,想给对方开开心,只可惜他缺乏场合意识,开玩笑弄错了地方,才闹出了不愉快。

这个事例说明,有些人说话所以惹恼人,并不是他们不会说话,而是场合观念淡薄,头脑中缺乏这根弦。所以,对于这些人来说,当务之急在于增强场合意识,懂得不同场合对说话内容和方式的特定限制和要求,时时不忘看场合说话。应当努力做到在每次投入交际活动时,要把场合大小、人数多少,及其相互关系搞清楚,据此确定自己的说话内容和方式。在具体说法上,既要考虑自己的交际目的,又要顾及他人的"场合心理",追求主客观的高度一致。

二、要自觉摆脱谈吐上的惯性

人们的言行往往带有一定的习惯性。有些不当的话语并不是主观上想这样说,而是受习惯的支配一不留神顺嘴流出来,造成与场合环境的不协调,事后连他们自己也感到后悔。比如,小李陪妻子高高兴兴上街买东西。在熙熙攘攘的商场里,妻子兴致很高,从这个柜台到那个柜台,买了这件,又看那件,快到中午了仍没有打道回府的意思,小李有些不耐烦了。当妻子提出再买一件高档羊毛衫的时候,他忍不住,生硬地说:"你还有完没完,见什么买什么,你挣多少钱啊?"这句话刚出口,顾客们都朝他身上看,妻子本来微笑的脸顿时变了样,生气地反驳道:"怎么,我还没有花够钱呢,你急什么?我就要买,怎么着!"直把小李顶得说不出话来,难堪极了。接着,发怒的妻子也不买了,"蹬蹬"地自个走出商店。使小李不解的是,妻子的性格本来很温顺，在家里从来不大声说话，更不要说发火了，说她什么都不计较，可今天为什么她的火气这么大呢？很显然，是小李忽略了场合因素，把在家庭中惯用的说法拿到公众场合来，用生硬口吻指责妻子，刺伤了妻子的自尊心，才引发妻子为维护自己的面子表现出强硬态度。

所以，心直口快的人必须有意识地摆脱自己口语表达上的惯性，养成顾及场合，随境而言的良好表达习惯。在交际活动中，要把交际对象、交际场合、交际时间等多种相关因素都考虑进去，想一想如何张口，选择最恰当的方式说话，以使自己的谈吐既符合场合要求，又符合对象的接受心理，最大限度地实现与交际对象的沟通。

三、要善于控制自己的不良情绪

经验证明，人们忽略场合因素，造成语言失控，还常常发生在情绪冲动之时。比如，有的人喝酒之后，或遇到兴奋事情时，情绪十分激动，甚至忘乎所以，不能自控，便会说出一些与场合气氛不协调的话来，造成不良后果。有个特能侃的青年，在朋友的婚礼酒席上，大侃自己的见闻，逗得人们哈哈大笑。不料他心血来潮，讲起了一个新婚之夜新郎杀死新娘的奇闻。还没等他说完，新娘的脸色就变了，新郎见状也火了，不客气地把他轰了出去。这个青年的失言就是由于情绪失控造成的。在喜庆场合卖弄自己的口才，说与场合气氛很不协调又不吉利的话题，难免惹恼人。

说话的火候须把握好

把握说话的火候，主要就是把握说话的分寸。现在着重讲一下在社交场上，如何在自己的上司面前说话，这是人际关系中一门重要的学问,但我们如果能很好地把握好与上司说话的火候,前程与事业上的一些难题,自然会迎刃而解。

生活中,我们有时在领导面前说错了话,虽不至于掉脑袋,但后果却也会很糟糕。

俗话说:"伴君如伴虎。"上司毕竟不像一般同事。何况一般同事之间也应该注意分寸,说话不能太无所顾忌。与领导相处,就更应该注意,平时说话交谈、汇报情况时,都要多加注意。特别是一些让领导不快的话,就更要小心把握。如:

"不行吗?没关系。"这话是对领导的不尊重,缺少敬意。退一步来讲,也是说话不讲方式方法,说了不该说的话。

"无所谓,都行。"这句话会让领导认为你感情冷漠,不懂礼节。

"您不清楚。"这句话就是对熟悉的朋友也会造成很大的伤害,对领导说这样的话,后果更加严重。

"有劳了。"这句话本来应该是上级对下级表示慰问或犒劳时说的,下级如果对上级这样说,后果似乎不太妙。不小心说错了话如何补救呢?在领导面前说错了话,一旦反应过来,要立即就此打住,马上道歉。不要因害怕而回避,应面对事实,尽量避免伤害对方的人格和面子,必要时可以再进行说明,而不必要的辩解只会越描越黑。

不经意地说:"太晚了。"这句话的意思是嫌领导动作太慢,以至于快要误事了。在领导听来,肯定有"干嘛不早点"的责备意味,你看这话能说吗?

"这事不好办。"领导分配工作任务下来,而下级却说"不好办",这样直接地让领导下不了台,一方面说明自己在推卸责任,另一方面也显得领导没远见,让领导没面子。

"您真让我感动。"其实,"感动"一词是领导对下级的用法,例如说:"你们工作认真负责不怕吃苦,我很感动。"而晚辈对长辈或下级对上级用"感动"一词,就不太恰当了。尊重领导,应该说"佩服"。如:"经理,我们都很佩服您的果断。"这样才算比较恰当。

另外,过度客气有时反而会招致误解。和领导说话应该小心谨慎,顾全大体。但顾虑过多则适得其反,容易遭受误解。所以应该善于妥善处理,以平常心去应付,习惯成自然,对这类情况就可以应付自如了。如果想克服胆小怕事的心态,有时越是谨慎小心,反而越容易出错,而一旦被上司误认为没有魅力,自然就得不到重用。

 ## 不要过分地自以为是

在我们的周围,有些人喜欢抬杠,只要和别人一搭上话就针锋相对,无论别人说什么,他总要加以反驳,其实他自己一点主见也没有。不过当你说"是"时,他一定要说"否",到你说"否"的时候,他又说"是"了。这是一种极坏的习惯,事事要占上风,处处自以为是。生活中,如果你不幸成了那样的人,那请认真地听从别人的告诫。

即使你真的比别人见识多,也不应该以这种态度去和别人说话。这种不良习惯使你自绝于朋友和同事,没有人愿意给你提意见或建议,更不敢向你提一点忠告。你或许本来是一个很好的人,但不幸染上了这种习惯,朋友、同事们都远你而去了。唯一改善的方法是养成尊重别人的习惯。首先你要明白,在日常谈论当中,你的意见未必是正确的,而别人的意见也未必就是错的。把双方的意见综合起来,你至多有一半是对的。那么,你为什么每次都要反驳别人呢?

大概有这种坏习惯的人当中,聪明者居多,或者是些自作聪明的人,也许他太热心,想从自己的思想中提出更高超的见

解，他以为这样可以使人敬佩自己，但事实上完全错了。一些平凡的事情，是没有必要费心进行高深的研究的。至少我们平常谈话的目的，是消遣多于研究吧，既然不是在研究讨论问题，又何必在一些琐碎的事情上固执己见呢。另外有一点应该注意，那就是在轻松的谈话中不可太认真了。

别人和你谈话，他根本没有准备请你说教，大家说说笑笑罢了。你若硬要自作聪明拿出更高超的见解，即使确是高超的见解，对方也决不会乐意接受的。因此，你不可以随时显出像要教训别人的神气。

当你的同事向你提出建议时，你若不能立刻表示赞同，但起码表示可以考虑，不可马上反驳。假如你的朋友和你聊天，那你更应注意，太多的执拗能把有趣的生活变得枯燥乏味。

如果别人真的犯了错误，而又不肯接受批评或劝告，你也不要急于求成，不妨往后退一步，把时间延长一些，隔几天再谈，否则，大家固执不但不能解决问题，反而伤害了感情。因此，在社交中，随时考虑别人的意见，不要做一个固执的人，惟有这样才能获得人们的赞赏和喜爱。

大量事实说明，人们谈话时都有一个目的：想知道别人对某件事的看法是否和自己相同，并进一步希望别人对某件事情和自己能有相同的看法。如果别人的看法与自己的看法略有不同或大不相同，便会感到极不舒服，甚至立即不高兴起来，这是人很正常的一种情绪反应，当然这也是一种很不利于人际交往的现象。因此人们在日常交往中更应该注意的是学会控制自己的情绪，切莫自以为是，即使在别人不同意你对某事的看法时，也应该显得对此很有兴趣。

所以，当你听到别人的意见和你一样时，你要立刻表示赞同。不要以为这样做会被人认为你是随声附和，因而就不吭声了。不吭声，虽然不会被人误解为随声附和，却也容易使人认为你并不同意。

同样,当你听到别人的意见和你不一致时,你也要立刻表示你什么地方不同意、为什么不同意。不要以为这样做会伤害彼此的感情而不吭声。

直话不妨绕着弯说

在现实生活中,虽然常常都是有一说一,有二说二,无需曲里拐弯地云山雾海一番,但在与人交往时,有时为了避免伤害他人,为了更好地赞美他人或是为了得到别人的帮助时,都必须将要表达之意寓于其他话语中,而不能做所谓的"直肠子",快人快语,结果事情被搞砸的也快。

可见,与他人交流时,在特定语言环境中,为了避免不必要的麻烦,将真话变为错话,曲折地说出来,往往能得到意想不到的好结果。

生活中常有这样的事,当有人求自己帮忙,但却实在是办不到,此时若直言拒绝,一定会使对方难堪或伤害对方,那该怎么办呢?

有一次,林肯在某个报纸编辑大会上发言,指出自己不是一个编辑,所以他出席这次会议,是很不相称的。为了说明他最好不出席这次会议的理由,他给大家讲了一个小故事:

"有一次,我在森林中遇到了一个骑马的妇女,我停下来让路,可是她也停了下来,目不转睛地盯着我的面孔看。

"她说:'我现在才相信你是我见到过的最丑的人!'

"我说:'你大概讲对了,但是我又有什么办法呢?'

"她说:'当然。你已生就这副丑相是没有办法改变的,但你还是可以呆在家里不要出来嘛!'"

大家为林肯幽默的自嘲而哑然失笑。林肯在这里巧妙地运用了自嘲来表达自己的拒绝意图。既没让人难堪,还在愉快的氛围中领悟到林肯的意图。

有时候为了避免直言相告,还可巧妙地寻找借口来为自己解围或是保全他人的面子。

舞会上别人邀你,你内心实在不想跟他跳,可说:"我累了,想休息一下。"既达到谢绝目的,又不伤别人的自尊心。

别人与你相约同去参加某一活动,但届时你忘记了,或过后生悔,未去赴约。直说出原因,将会影响别人对自己的信任,也是对他人的不尊重。一般情况下,失约的可能原因有身体不适、家中有事、客人来访等,你可挑选较合情理的一种,作为事后的解释。

为了避免直言,运用各种暗示,以含蓄、隐晦的方法向对方发出某种隐含自己真实想法、态度的信息,以此来影响对方的心理,使对方明白自己的心意,这也不失为一个妙招。

一次,某乡党委为了加强机关干部管理,在工作考勤等方面做了一系列规定。决定由曾在乡属企业担任过多年负责人,不久前刚调到机关任传达工作的一位老同志负责考勤登记。这位老同志认为这项工作易得罪人,不愿意干。说自己过去就是因为办事太认真,得罪了不少人,正在吸取"教训"。

听了他的话,乡党委书记委婉地讲了一个故事:某电影导演,为拍部片子四处寻找合适的演员。一天,发现了一个合适的人选,便通知他准备试镜。这个人十分高兴,理了发换上新衣,对着镜子左照右看,总感到自己的两颗"犬牙"式的牙齿不好看,于是到医院把牙齿拔掉了。后来,当他兴致勃勃地去报到时,导演一见到他就很失望地说:"对不起,你身上最珍贵的东西,被你自己当缺陷给毁掉了,我们的影片已不再需要你了。"

故事讲完后,这位老同志懂得了"坚持原则,办事认真"正是自己最好的品质,于是他愉快地接受了任务。

在与人交谈中,慷慨激昂,锋芒外露,固然是一种本事,但细语声声,婉言相告,也是必不可缺的一种本领。

 ## 说话须给自己留有余地

俗话说:"量体裁衣。"在与他人交流的过程中,要根据各种人的地位、身份、文化程度、语言习惯来作不同的处理,把握好分寸,留有余地。赞扬不要过分,谦虚也应适当。一些人常常将刚演了出好戏的青年演员称为"崛起的新星",刚发表了一首小诗便谓之"著名诗人",这种说法有些是经不起时间考验的。有时候事情前后恰恰相反,便成了一个绝妙的讽刺。同样,谦虚也该实事求是。有则笑话,说一个人过分谦虚,有人到他家夸他家花瓶漂亮,他说不过是一个粗瓶;人赞他衣服好,他又说不过是件粗衣。当客人对月饮酒,道:"好一轮明月。"他忙拱手说:"不敢,不敢,不过是我家一轮粗月。"这种谦虚便近乎迂腐,以致令人觉得不真诚。

说话留有余地,就要慎重选择一些限制性词语。开口"当然",闭口"绝对",会把交谈者吓退,把"部分"说成"一切",把"可能"说成"肯定",实际上是虚张声势,往往使自己陷入被动的境地。

科学史上有过这样一件事:一个年轻人想到大发明家爱迪生的实验室里工作,爱迪生接见了他。这个年轻人为表示自己的雄心壮志,说:"我一定会发明出一种万能溶液,它可以溶解一切物品。"爱迪生便问他:"那么你想用什么器皿来放这种万能溶液呢?它不是可以溶解一切吗?"

年轻人正是把话说绝了,陷入了自相矛盾的境地。如果把"一切"换为"大部分",爱迪生便没有理由反诘他了。

即使词用对了,修饰程度不同,说起来分寸就不一样。如

"好"一词，可以修饰为"很好""非常好""最好""不好""很不好"等，这些有差别的使用要慎重。如果你没听天气预报，即使听了，明天还没到，便不可以说："明天一定会下雨。"一个人的文章写得一般，客气地说也只能是"还好"，怎么能说"非常好"呢？

有一句广告词：没有最好，只有更好。这里它用了"没有""最好"，又用了"更"，烘托出该产品精益求精的品质，展现了该企业不断进取勇于开拓的良好形象，不失为一条"绝妙"的广告词，比如今的"极品""世界一流"真实，有力度。

好的修饰词使意思表达完整，恰到好处；过于夸张或过于缩小的修饰词，则会与客观实际相冲突，使说话者陷入两难境地。屠格涅夫的小说《罗亭》中，皮卡索夫与罗亭有一段对话：

罗：妙极了！那么照您这样说，就没有什么信念之类的东西了？

皮：没有，根本不存在。

罗：您就是这样确信的吗？

皮：对。

罗：那么，您怎么能说没有信念这种东西呢？您自己首先就有一个。

皮卡索夫在此用一个"根本"，把话说绝了。因此，遇到不十分有把握的事，宁可多用"可能""也许""或者""大概""一般"等表述模糊意义的词，使自己的判断留有余地。

列宁说过："只要再多走一步，仿佛是向同方向迈的一小步，真理便会变成谬误。"在激励他人的过程中，对于不同的语言环境和对象，应灵活处理，掌握不同的分寸，才能充分发挥语言的交际功能。

一定要拿捏好说话的分寸

说话要有分寸,分寸拿捏得好,很普通的一句话,也会平添几许分量,话少又精到,给人感觉深思熟虑。而说话的分寸决定与你谈话的对象、话题和语境等诸多因素的需要。换句话说,要言之有度。

有度的反面则是"失度",什么叫做"失度"呢?一般说来,对人出言不逊,或当着众人之面揭人短处,或该说的没说,不该说的却都说了。这些都是"失度"的表现。下面我们就简要介绍一些在谈话中禁忌的话题,接触这些话题容易导致谈话"失度",产生不良效果。

1. 随意询问健康状况。向初次见面或者还不相熟的人询问健康问题,会让人觉得你很唐突,当然如果是和十分亲密的人交谈,这种情况不在此列。

2. 谈论有争议性的话题。除非很清楚对方立场,否则应避免谈到具有争论性的敏感话题,如宗教、政治、党派等易引起双方抬杠或对立僵持的话题。

3. 谈话涉及他人的隐私。涉及别人隐私的话题不要轻易接触,这里包括年龄、东西的价钱、薪酬等,容易引起他人反感。

4. 个人的不幸。不要和同事提起他所遭受的伤害,例如他离婚了或是家人去世等。当然,若是对方主动提起,则要表现出同情并听他诉说,但不要为了满足自己的好奇心而追问不休。

5. 讲一些不同品味的故事。一些有色的笑话,在房间内说可能很有趣,但在大庭广众之下说,效果就不好了,容易引起他人的尴尬和反感。

在人际交往中，谈话要有分寸，认清自己的身份，适当考虑措辞。哪些话该说，哪些话不该说，应该怎样说才能获得更好的交谈效果，是谈话应注意的。同时还要注意讲话尽量客观，实事求是，不夸大其词，不断章取义。讲话尽量真诚，要有善意，尽量不说刻薄挖苦别人的话，不说刺激伤害别人的话。

玩笑可以开，不可过头

几个好朋友聚在一起时，大家开开玩笑，相互取乐，说话不受拘束，原是一件让人高兴的事。不过凡事有利也有弊，乐极生悲，因开玩笑而使朋友不快的事情也常常遇到。因此，有的人竟认为谈话时开玩笑应该避免。这是大可不必的。如果好朋友见面时连开玩笑的话也不许说，那么生活也未免太乏味了。所以，生活中我们真正要注意的开玩笑的方法，即不开过头的玩笑。

那么，开玩笑之前，你先要注意你所面对的对象是否能受得起你的玩笑。一般来讲人可分为三种：第一种，狡黠聪明；第二种，敦厚诚实；第三种，则介乎两者之间。对第一种人，即狡黠聪明的人开玩笑，他不会使你占便宜的，结果是旗鼓相当，不分高下；第二种，敦厚诚实者，则无还击之计，亦无抵抗之力，这种人喜欢和大家一齐笑，任你如何把他取笑，他脾气绝好，不会动怒；对第一、第二种人，你可以看看对方的情形，而知道能否开玩笑。惟有介乎两者之间的那种人，最应认真对待。这种人大概也爱和别人笑在一起，但一经别人取笑时，既无立刻还击的聪明机智，又无接纳别人玩笑的度量，如果是男的则变为恼羞成怒、反目不悦，如果是女的就独自痛哭一顿，说是受人欺侮。所以，开玩笑之前，要先认识对方，最为安全。

其次，要适可而止。开玩笑，一两句说过便完了，不要老是开一个人的玩笑，也不要连续开好几个人的玩笑，不然你必招来非议。

开玩笑本来是一种调解谈话气氛的良好方式，但使对方太难堪了，亦非开玩笑之道。你笑你的同学考试不及格，你笑你的朋友怕老婆，你笑你的亲戚做生意上了当而蚀本，你笑你的同伴在走路时跌了跤……这些都是需要同情的事件，你却拿来取笑，不仅使对方难于下台，且表现出你的冷酷。同样地，不可拿别人生理上的缺陷来做你开玩笑的资料，如斜眼、麻面、跛足、驼背等，别人不幸的，你应该给予同情才是。如果在谈话的人中，有一位在生理上有缺陷，那么在谈话中，最要避免易使人联想到缺陷方面的笑话。

例如：有一天，几个同事在办公室聊天，其中有一位李小姐提起她昨天配了一副眼镜，于是拿出来让大家看看她戴眼镜好看不好看。大家不愿扫她的兴都说很不错。这时，同事老王因此事想起一个笑话，便立刻说出来："有一个老小姐走进皮鞋店，试穿了好几双鞋子，当鞋店老板蹲下来替她量脚的尺寸时，这位老小姐是个近视眼，看到店老板光秃的头，以为是她自己的膝盖露出来了，连忙用裙子将它盖住，立刻她听到了声闷叫。"混蛋。"店老板叫道，"保险丝又断了。"

接着是一片哄笑声，谁知事后竟从未见到李小姐戴过眼镜，而且碰到老王再也不和他打一声招呼。

其中的原因不说自明。说者无心，听者有意，在老王来想，他只联想起一则近视眼的笑话。然而，李小姐则可能这样想：别人笑我戴眼镜不要紧，还影射我是个老小姐。

所以，说笑话要先看看对哪些人说，先想想会不会引起别人的误会。像上例老王严重地伤了一个人的自尊，却是他始料不及的。

 别人的痛处一定不能踩

一个人若想和上司、同事间建立良好的人际关系,一定要记住:保持适当距离,做事公私分明,尤其要注意,言谈之间不要说到别人的痛处。

被击中痛处,对任何人来说都是件不愉快的事。

不管在什么情况下,不去碰触别人的痛处,不但是待人处事应有的礼仪,更是在都市丛林中左右逢源的关键。

有修养的人即使在盛怒之下,也不会扩散愤怒的波纹;涵养不够的人,被激怒了,往往就会面露凶貌,口出恶言,甚至随手拿起手边的东西往地上摔。

某些人暴跳如雷的时候,还会口不择言,用侮辱性的语言攻击别人最敏感的隐私,这是相当不明智的行为。

一旦你攻击他人的痛处,修养好的人虽不至于当场发作,与你破口对骂,但心中的疙瘩和怨恨往往难以抹平,如果不幸他是你的上司或客户的话,你就会变成被"封杀"的对象。

在公司里,"封杀"意味着调职、冷冻、开除。如果你是公司负责人,"封杀"就代表着对方拒绝继续与你往来,或是"冻结彼此的关系"。

中国古代有所谓"逆鳞"的说法,强调即使面对温驯的蛟龙,也不可掉以轻心。

传说中,龙的咽喉下方约一尺的部位,长着几片"逆鳞",全身只有这个部位是逆向生长的,万一不小心触摸到这些逆鳞,必定会被暴怒的龙吞噬。

至于其他部位,不论你如何抚摸或敲打都没关系,只有这

几片逆鳞，无论如何也触摸不得，即使轻轻摸一下也犯了大忌。

其实，每个人身上也都有几片"逆鳞"存在，即使是人格高尚伟大的人也不例外。惟有小心观察，不触及对方的"逆鳞"，也就是我们所说的"痛处"，才能保持圆融的人际关系。

 要充分考虑别人的感受

一句话可能令你晋位升爵，但也有可能为你惹来杀身之祸。尽信书不如无书，同样的，如果不具有融会贯通说话的学问，那就最好少言为妙。

三国时期的杨修，在曹营内任主簿，他为人才思敏捷，是当时不可多得的人才之一，但是由于十分恃才自负，屡次得罪曹操而不自知。

某次，曹操建造一所花园，竣工后，曹操四处观看，不发一语，只提笔在门上写了一个"活"字，想和手下人来打个哑谜。众人看了都不解其意，只有杨修笑着说："'门'内添'活'字，乃'阔'字也。丞相是嫌园门太窄了，想扩宽它。"

于是，手下们再筑围墙，改造完毕又请曹操前往观看。曹操看了非常高兴，一问之下，知道杨修毫不费力就解出自己出的谜题，嘴巴上虽然称赞几句，但心里却很不是滋味。

又有一天，塞北送来一盒酥饼，曹操在盒子上写了"一盒酥"三字。正巧杨修进来，看了盒子上的字，竟不待曹操开口，径自取来汤匙与众人分食那一盒糕饼。

曹操被他大胆妄为的行径吓了一跳，此时，杨修嘻嘻哈哈地说："盒子上写明了一人一口酥，我又怎么敢违背丞相的命令呢？"

曹操听了，虽然勉强保持风度、面带笑容，心里却十分厌

恶杨修这种得了便宜还卖乖的行为。

曹操生性多疑,深怕遭人暗中谋害,因此谎称自己在梦中会不自觉地杀人,告诫身边侍从在他睡着时切勿靠近他,后来还故意杀死一个替他拾被子的侍从,想藉此杀鸡儆猴。

没想到杨修得知这件事,马上看穿曹操的心意,当着曹操的面喟然叹道:"丞相非在梦中,君乃在梦中耳!"

曹操哪里经得起这样的冷嘲热讽,下定决心,非把杨修这个人除之而后快不可。

机会终于来了。曹操率大军攻打汉中,迎战刘备时,双方于汉水一带对峙很久。曹操由于长时间屯兵,已经陷入进退两难的处境。此时,恰逢厨子端来一碗鸡汤,曹操见碗中有根鸡肋,感慨万千。

刚好夏侯惇在这时进入帐内禀请夜间口令,曹操随口说道:"鸡肋!鸡肋!"夏侯惇便把这两个字当做口令传了出去。

行军主簿杨修听了这事,便叫随行的部众收拾行装,准备归程。

夏侯惇见了惊恐万分,立即把杨修叫到帐内询问详情。

杨修解释道:"鸡肋鸡肋,弃之可惜,食之无味。今进不能胜,退恐遭人笑,在此有何益处?来日魏王必班师矣。"

夏侯惇对杨修的这一番解释非常佩服,于是,下令营中将士打点行装,好鸣金收兵,准备撤退。

曹操得知这种情况,一口咬定杨修造谣惑众,在他身上安了一个扰乱军心罪,毫不留情地把他杀了。

杨修颇有些聪明,最后却聪明反被聪明误。他恃才傲物,只想一味夸耀自己的机智,完全不顾及别人的感受好恶;即使面对的是顶头上司,还要处处露一手,终于惨遭灭顶的命运。

说话,通常不是说给自己听,而是说给别人听;既然如此,你又怎么能不去考虑一下别人听了这些话,会有怎么样的解读呢?

 把握说话的最佳时机

说话,看似平淡无奇,实际上却是一门相当高深的学问,要如何把话说的动听、如何把话说到人的心窝里,的确是相当不容易的一件事。有些人天生性急,总是不假思索就脱口而出,往往等到察觉说错话的时候都为时已晚了;有些人则是沉默不语,该说话的时候不说,以为"沉默是金",不懂得在适当时机说话的人,也往往会错过许多大好机会。

古人说:"话多不如话少,话少不如话好。"恰巧说明了"说话艺术"的重要性,而并不是"言多必失",会说话的人,即使说得再多也都是字字珠玑;不会说话的人,不会察言观色,也不懂得在适当的时机说话,即使话在说,一开口就伤人,又有何用呢?

失足,你可以马上站起来;失言,你也许永远无法挽回。

要想把话说得恰到好处,卡耐基强调最重要的一点就是把握住说话时机。孔子在《论语季氏篇》里说:"言未及之而言谓之躁,言及之而不言谓之隐,不见颜色而言谓之瞽。"

不该说话的时候却说了,叫做急躁,应该说话了却不说,叫做隐瞒,不看对方脸色变化便贸然开口,叫闭着眼睛瞎说。这三种毛病都是没有把握住说话时机。说话是直接的语言交往,从来就不是一个人的事。双方当场对面,还要受到周围环境的种种限制。该说话时不说,马上时过境迁,失去成功的机会。一句话说到点儿上,很快拍板,事情就办成了。说话时机的把握,有时就在瞬息之间,稍纵即逝,时不待我,失不再来。因此,说话时机的把握,比掌握、运用其他说话技巧更难更重要。

说话的时机是由说话的时境提供的。说话的时境包括自然环境、社会环境、心理环境、语言环境，涉及的范围相当广，可以说，一个人说话是以整个社会生活为背景的。要把握准说话的时机，就不能不对说话时境与说话行为之间的变化规律及特点有一个基本的认识。

说话的时境具有客观性的风格，对于说话的主体而言，时境构成的诸种要素都是客观存在的。无论有没有说话行为发生，自然环境和社会环境都是以客观的形式独立存在的，这一点早已为哲学家们所证明。心理环境和语言环境虽然可以在说话过程中随时生成，但一经生成，就是以客观的形式存在的，和社会环境、自然环境一样对说话行为产生制约作用。人的说话行为只能在具体的时境中发生、进行，谁也无法随着自己的主观意志去摆脱它、超越它，说话行为也只有与具体的时境结合并保持统一，才能准确表达自己要说的意思。

清光绪皇帝就不具备适应时代的能接受性。改革免不了得罪人，但它需要构建形势，组建拥护改革的队伍，至少这个队伍不能是反对改革的。问题和要求一经"说"出，实施过程中谁是盟友、谁是对手在很大程度上就已经决定了。改革毕竟不是战争，所以即使是对手，用一套彻底的主张将其制服也不是太可能，为顺利实施改革，正确的做法是用有限的要求去减弱他的对抗。非要对抗，也尽可能让其他人不跟着对抗，就是说，让强硬对抗者孤立无援。

百日维新前，就有了改革的行动和舆论，时代是能够接受某些改革的。但是却不能接受光绪那种一揽子改革。因光绪反其道而行，在短短的103天中，光绪皇帝以康有为、梁启超等人作顾问，发出了40余道上谕。一揽子提出政治、经济、军事、文化各方面的改革，几乎说出了他们想到的所有问题：改革行政机构，裁减衙门和官员；废除八股文，重定考试制度；取消各地书院，改设新式学校，学习西学。设立农工商总局，保护和奖励工商业；修订法律作为摆脱治外法权的开端；修筑铁路，开采矿产；实行军队、警察和邮政系统的现代化；准许自由创立报馆和学会；提倡上书言事；鼓励发明和出国留学……

光绪皇帝急匆匆把所有的话在百来天全盘说出，过多的企求招致了过多的反对，把所有重要的利益集团都得罪了。

别的暂且不说，只说废八股，八股文要不得，它使最容易接受新思潮的青年士大夫、知识分子走到了改革的对立面。虽说八股文的弊处，那些读书人大都知道，但那毕竟是几百万举人、秀才做官的敲门砖。说废就废了，十年寒窗的工夫毁于一旦，又用什么去敲开仕途之门？不对立心里的气能平得了吗？

光绪的改革中使所有重要的利益集团和政治势力都感到自身受到威胁，支持改革的人中，除光绪之外，所有维新派都是汉人，皇帝裁减官员的措施对许多在职满人形成威胁，有人担心皇帝要撤掉所有满人的官职；军事改革威胁到了古老的满人八旗兵和维持治安的汉人绿营兵；将寺院改为学校的计划使和尚们惊恐万状，而在宫内的太监中又有和尚们的很多朋友；改革科举教育也让全体文官大惊失色，他们熟就是从那条四书五经、八股文的老路爬上来的。谴责腐败几乎震动了所有的官员……总之，当光绪把计划全部公之于世时，他就不仅仅是与慈禧太后敌对，更重要的是他与整个既成制度处于了敌对状态。所以最终他非但没能把队伍建起来，没有得到盟友，还给自己增加一大堆的敌人。本想孤立对手，不曾想却孤立了自己。面对那些上谕，人们大都是敷衍了事，基本没有得到实施，也就是很自然的了。最终，"百日维新"成了急冲冲与岩石相撞又碰得粉碎的一团政治浪花，匆匆地夭折了。良好的说话时机，只需要摒除一切不利的因素。一位著名的财政顾问曾经说过：把握适当时机说话的问题相当重要，首先我们必须看清楚有希望的顾客，是否真的具有认购的意愿。如果你忽略了对方的问题，而大谈自己的问题，那么说明你根本没有把握住重点，你的目的也就不可能达到。

在经营中,把握适当的说话时机也是达到目的的重要手段之一,事实上,也没有任何一件事情比适当的时机更能起到作用。例如:一连串的广告宣传、建设性的批评和态度,或政策的变更,等等,凡是需要决定或下决心去做的事情,如何选择说话的时机是成功与否的关键。如哲学家詹姆士所言:"在伟大成为事实以前,必须适应时代的能接受性。"

在经营过程中说话时机的适当与否,多少会有些倾向显示出来。当我们想要寻找适当的时机向上司提出诸如设备不够,或劝其购买新的设备等问题,如果上司对办公室目前的桌椅安排部已心满意足,当然不可再向他提出新的建议。也就是说即使你有新的设想,也必须稍做等待,使上司冷静一段时间再说。这种做法并不是劝你"不要说出来",而是劝你在不适当的时机"什么都不要说"。比如当你要去拜见某一位要员时,最好是确定在对方乐于接见你的时候去。有些推销员常以充分的理由认为他在一定的季节或星期几去访问顾客必能获得成功,他们确信那是向对方提出话题的最好时机。

有时去参加聚会或各种集会必须发言时,需要特别注意时间问题。所谓机逢,就是临场应变、妙语言重所激发的奇光异彩。从开始说话到结束话题,不论任何段落,说话的时间都是相当重要的,即使平常我们写一封信,把它当作广告或直接投递的推销信,也必须注意发函时间,因为对方收到资料的时间对我们的目的来说有着重要的关系。不要忘记,时间是一切行动的指计,这和良好时机是工作中必须考虑的要素一样重要。

人微者能言出具有说服力量的话语,跟把握说话的时机的关系密切。火候到,说出的话自然贴切,能够引起人们的重视。不要以为只有在对方愉悦时的言语才有分量,抓住对方隐忍难发之机,坦诚直言,则别具一番人微言重的风光。在适当的时间里,利用有限的几个语句,充分地表达自己完整意愿的能力是适当的说话时机不可缺少的一个要素。

　　中国第一位现代舞拓荒者裕容龄，年轻时随外交官父母迁居巴黎。由于受旧礼俗困囿，一直不敢进言学舞的愿望。一次日本公使夫人来做客，顺便问其母："你家小姐怎不学跳舞呢？我们日本女孩都要学的。"裕母不便拒绝，顺水推舟道："往后让学吧！"裕容龄趁机进言了："好母亲，我今后就学日本舞跳给你看，好吗？"说罢便换上舞装跳起《鹤龟舞》，公使夫人夸赞不已，母亲也只好认可。这里，裕容龄的进言成功，全在于那抓住时机的"机锋"上。

　　许多人有一个共同的毛病，那就是在不必要的场合中，把自己所拥有的一切话题，在一次机会中全部谈完，等到需要他再开口的时候，他已无话可说了。这种现象，不论是在普通会话或正式的演说场合中，都是应该引起我们重视的。孔子特别提出要避免"言未及之而言"的急躁。单从主方看急躁说不清楚。把思路向外转，换种思路问"客方能接受什么？"问题就会简化得多。

　　2004年亚洲杯开赛之前，中国队又有队员不合时宜地说了大话："不得冠军，还做什么人？"其实，得不了冠军未必不是人，即使得不了冠军，能知道什么叫分寸、什么叫说话的机宜，那也还像人，倒是在没有把握的前提下把大话说得没了回旋的余地，那才叫不像人了。

　　一个具有高明演说技巧的人，能够很快地发现听众所感兴趣的话题，同时能够说得适时适地，恰到好处。换言之，他能把听众想要听的事情，在他们想要听的时间之内，以适当的方式说出来，这是一种无与伦比的才能，这种能够把握优越时机的人，即使是在遭到突变、受到阻碍时，也能转危为安，化险为夷。

　　如果你是一位从事制造方面工作的人，当你训练新员工时，也必须了解何时适合于进行这种职前教育。如果公司在竞争中处于下风,而你还反复不停地议论参加这次竞争的不明智,那真是愚蠢至极的行为。如果你是一名推销员,如何使对方认清自己所提出的有利地方和特点,同时,如果要使这笔生意在下次会晤谈判时即能签订合同,你该在什么时机说什么话。如果你是从事广告业务的,那么你一定要知道什么时机适合做何种商品或服务性的广告。更甚者,如果有一个人家在办丧事,处于无限悲痛之中,你就不能以要求的口吻叫他去干这个,干那个。

不论是在运动场上、商场里,以及其他事业上,适当地把握时机都是迈向成功之途不可缺少的要素。然而大多数人又都不懂或者说是不能全力地把握时机,以致造成终生追悔莫及的遗憾。说起来,掌握时机似乎是一种天赋的特别直觉,但它和经验一样,必须磨练出来。

 ## 学会避免无谓的争论

小王和小李是一对关系不错的朋友,小王性情非常固执,无论自己犯了什么错,他绝不肯认错。

有一天,他们两人正在闲谈,无意中谈到一种叫砒的毒药,小王偏说没毒,有时吃了还可以滋补身体。小李觉得不对,则肯定砒就是一种毒药。小王见小李反对自己,想着法为自己的观点辩解。他说医治梅毒的药"九一四"中就含有砒素,但是注射到人的血管中去,人并不会中毒而死。还说一到冬天,乞丐露宿街头,无法抵御寒冷,还吃砒来御寒。小李觉得小王说的话只是偶然的现象,不足为据,更不能以此判定砒就没毒,因此仍然坚持自己的观点。结果,小王见小李就是不承认他是对的,为证明自己没错,对小李说:"你不相信,那我们可以当场试验,我来吃给你看,看看到底我吃了砒之后会不会死。"

小李听后深恐小王真的中毒而死，所以竭力说砒有大毒，劝小王无论如何不要冒险。然而，小王为维护自己的自尊心，如何肯承认砒有毒而不吃呢？结果，小李越是劝他不要吃，他越是要吃给李看，最后吃了，也死了。

小王死后，小李深自悔恨，心想当时如果自己不和小王争辩，小王就不会死。小王的死，完全是他杀的，于是整日闷闷不乐，从此一病不起。

看了上面这个故事，也许有人会笑小王和小李傻，但事实上，在生活中，在我们身边，这样的例子整天都在上演，只是轻重不一，程度不同而已。

有的人为了一个字的对错争论，有的人为了一件事的虚实争论，有的人为了一个观点争论……生活中这样无谓的争论处处可见，可谓"波澜壮阔，层出不穷"。有时，你不想与人争论，别人还会想着法与你争论，争论好像一下成了"人之常情"，但这并不奇怪，如果细究起来，实在是人的本性使然。因此，我们必须把在社交中如何避免与人争论当成人际交往的第一要务，加以防范和杜绝，在与人交往中始终保持一颗澄静的平常心，从而正确认识争论，把握争论，运用争论。

第五章　充实你的口才资本

  要使他人对你的话感兴趣，你必须有丰富的谈资。与各种各样的人交谈并不是一件容易的事，但是只要找到对方感兴趣的话题，他人就会打开话闸子，与你深入聊下去，聊出好的人缘。这要求你平时必须充实你的口才资本，掌握一定的谈资，这样才能做到与任何人都会有共同的话题，随时都能侃侃而谈。

 注意提升自己的内涵

总有一些人抱怨自己没有天生的好口才,和别人在一起总是无话可说。其实,口才并不是天生的,是要有足够的底蕴作为基础的。

苏秦是我国战国时期一位有名的纵横家,他就是依靠自己的口才为各国的君主出谋划策。但是,苏秦并不是一开始就是成功的。他曾经拜师鬼谷子,学成出师之后,他先后去游说过周王、秦王,但是都失败了。随后,苏秦很落魄地回到了家里,受到了亲戚朋友,甚至包括自己父母的冷遇。

苏秦受了很大刺激,决心争一口气。从此以后,他发愤读书,钻研兵法,天天学习到深夜。有时候读书读到半夜,又累又困,他就用锥子扎自己的大腿,虽然很疼,有时候都刺出血了,但是这样一扎,精神却来了,他就接着读下去。就这样用了一年多的功夫,他的知识比以前丰富多了。

公元前334年开始,他到六国去游说,宣传"合纵"的主张,结果他成功了。第二年(公元前333年),六国诸侯订立了合纵的联盟。苏秦挂了六国的相印,成了显赫的人物。

苏秦以三寸不烂之舌抵挡百万雄兵,成为了一个"前无古人、后无来者"的英雄。从苏秦的例子中,我们不难看出,好的口才是建立在深厚的学识基础之上的,如果脱离了这个根本,那么口才就会成为"无源之水、无本之木"。

口才的好坏与自己掌握知识的多少有密切关系。拥有了深厚的知识积累和高雅的涵养,自然就能提升口才水平。当年诸葛亮一出山后便能舌战群儒,就是因为他曾在隆中苦读十多载。

准确、缜密的语言，头头是道，能够说服人；清新、优美的语言，饱含激情，能够打动人；幽默、机智的语言，妙趣横生，能够感染人。而这些都来源于长年累月的深厚积累。所以，要想有好的口才，首先就要丰富自己的内涵，提高自己的学识修养，只有这样，才能够口吐莲花，妙语连珠，倾倒众人。

想要丰富自己的内涵，提升修养就要从以下几方面努力：

1. 加强知识积累

渊博的知识、睿智的头脑来源于平时一点一滴的学习和积累。一个人要想真正提高自己的演讲与口才能力，就必须尽可能做到读万卷书，识万般理。

2. 关注生活，加强生活积累

要想有好口才，多加强生活积累显然也很重要。用心去观察生活中的人和事，感受生活的脉搏，去体味生活的酸甜苦辣，用眼睛欣赏生活的五颜六色，用耳朵聆听生活的声音。

3. 把握时代脉搏

社会在飞速发展，社会生活的各个方面日新月异，如果你不能紧跟时代的潮流，必将会被时代远远地抛在后面。一个落后于时代的人，是不会有好的谈资的。

不断扩展自己的知识

人类知识包罗万象、纷繁复杂，是说话者侃侃而谈的力量之源。知识在于厚积而薄发，有深厚知识积累的人，讲起话来，底气十足，成竹在胸。有的人之所以很有说话水平，究其根本原因，就在于丰厚的知识积累。想要做一个谈资丰富的口才高手，必须不断扩展自己的知识。

首先，要掌握一定的处世知识。

处世就是指处理人情世故，参加社会活动，与人交往。任何一个社会人，都与社会有千丝万缕的联系，没有基本为人处世之道，是无法在社会上立足的。要想使自己的言语达到彼此交流沟通的目的，就必须掌握交际应酬的起码知识。如果不懂得这些知识，在交际的过程中往往会造成不良后果。

处世知识一般都是日常生活中的应酬知识，诸如访友、求职、待客、赴宴、送礼、赠物、寒暄、探病、致歉、打招呼等。所有这些，都各有自己的一套成文或不成文的习惯说法。这些知识不需要特地去学习、钻研，而是在平时的生活中耳濡目染得来的。

其次，要掌握一定的世事知识。

世事知识指的是社会生活中方方面面的常识、经验、教训、风土人情、习俗、典故等。世事洞明皆学问，人情练达即文章。人们要想丰富自己的语言修养，就要多了解世事。一个不谙世事的人，是做不到侃侃而谈、妙语连珠的。

一般而言，世事知识是在社会实践中获得的。不过有些时候，人们却没有实践的机会或可能。比如来到异乡他地，对当地的世事知识比较缺乏，这时候就应该认真了解、询问，做到入乡随俗。如果照搬甲地的世事或不顾乙地的世事，都会自讨苦吃。

李鸿章有一次出访美国，在一家饭店宴请美方人士。开席前，他按中国人的惯例讲了一番客套话："这里条件差，没有什么可口的东西招待各位，粗茶淡饭，谨表寸心。"不想饭店老板却火冒三丈，认为李鸿章诋毁了饭店的声誉，非要其公开赔礼道歉不可。

李鸿章说的这些话在中国无可厚非，可是却不符合美国人的习俗，所以造成了误会。

最后，还要掌握必要的文化知识。

天文、地理、历史、文学、艺术、哲学、经济、法律等方面的知识能陶冶情操、提高修养、开阔视野，从而使表达者的言辞更具感染力、吸引力。这些知识是要孜孜不倦地学习才能获得的。不断积累学习，讲话时便会内容丰富、滔滔不绝。如果才疏学浅、孤陋寡闻，在与人交谈时，难免会出丑，闹出笑话。

明万历五年，内阁首辅张居正为了让儿子张嗣修能状元及第，派其弟张居直约见极有可能获第一的临川考生汤显祖，要他把第一名给让出来。张居直说："像才子仙乡乃产笔名地，故王勃在《滕王阁序》里写有'光照临川之笔'的佳句。汤才子如带了几支来京，可否让老夫一饱眼福？"汤显祖笑道："据我所知，王勃所指，乃谢灵运之诗文，因他曾为临川内史。"出了这么大的笑话，张居直一下子闹了个大红脸。

所以，想在他人面前展示自己的口才魅力，首先就要不断充实自己。一个知识渊博、学富五车的人，必定能有丰富的谈资。

 ## 借阅读来丰富谈话内容

一个胸无点墨的人，是不能做到在谈话中应对自如、侃侃而谈的。工欲善其事，必先利其器。这是一句非常实用的老话，想和任何人都能愉快、顺畅地交谈，就必须具备广博的知识。书本是增长知识的重要工具。即使是最伟大的口才家，也要借助阅读来丰富谈话内容。

每天都能做到多读书、多看报，就能了解世界的动向、国内的情形、科学界的新发明和新发现、艺术新作、娱乐信息、影视作品等。如此一来，你就能应付各种人物。

著名演说家福克斯每天都高声朗诵莎士比亚的著作，以使

他的演讲风格更加完善；古希腊著名演说家狄摩西尼斯亲笔抄写修西迪斯的历史著作达八次之多；英国桂冠诗人丹尼生每天研究圣经；大文豪托尔斯泰把《新约福音》读了一遍又一遍，最后可以长篇背诵。

美国总统林肯是世界著名的演说家，他的优秀口才也是得益于阅读，他能把布朗特、拜伦恩的诗集整本背诵下来。他在白宫时还经常翻看莎士比亚的名著。他征服千百万听众的重要武器，就是演说中的旁征博引显示出来的卓越学识。他以尼亚加拉大瀑布为题材进行的一次演说，精彩绝伦，令人拍手称赞："……远在以前，当哥伦布最初发现这一块大陆，当耶稣基督被钉在十字架上，当摩西率领了以色列人渡过红海，啊，甚至亚当从救世主的手里出来，一直到现在，瀑布都一直在这里怒吼。古代人和我们现代人一样，他们曾见过尼亚加拉瀑布，比人类第一个始祖还老的尼亚加拉瀑布和现在同样新鲜有力。前世纪庞大的巨象和爬虫也曾见过尼亚加拉瀑布……"

在这段演说中，林肯把历史与传说结合起来，涉及哥伦布、耶稣、摩西、亚当等一系列在世界发展史上颇有影响的人物，林肯让这条无生命的瀑布变得生机盎然起来。

熟读唐诗三百首，不会作诗也会吟。饱读诗书可以积累丰富的诗词歌赋，谈话时可以旁征博引，增加言辞的魅力。

诸葛亮能在赤壁之战中舌战群雄、智激周瑜，正是他读书学习的结果。

孙权是一位"内事不决问张昭，外事不决问周瑜"的人，是战是和，周瑜是个关键人物。面对年轻气盛、血气方刚的周瑜，诸葛亮闭口不谈时局，而是背诵了曹操的《铜雀台赋》，借用赋中"揽二乔于东南兮，乐朝夕之与共"的句子，作为曹操想夺孙策和周瑜二人妻子的证据，以此激怒周瑜（孙策的妻子是大乔，周瑜的妻子是小乔）。周瑜听罢，勃然大怒，立即表明抗曹决心："望孔明助一臂之力，共破曹贼。"

诸葛亮恰当地引用一首词赋就顺利完成任务，着实令人赞叹。如果诸葛亮平时从未读过《铜雀台赋》，又怎么能与周瑜交谈时用得上呢？

香港九龙有一家美容院，生意兴隆为当地之冠。在讲述经营之道时，店主坦承，是由于美容师在工作时善于和顾客攀谈之故。怎样才能使员工善于说话呢？原来店主规定，每位职员每天早上开始工作之前，一定要阅读报纸杂志，这成为了一项日常功课。

通过阅读，店员自然能找到谈话的资料，博得顾客的欢心。

读书在帮助你提升修养的同时，也让你不断积累谈话的材料，是丰富谈资的好方法。

 ## 充实自己的人生阅历

世事洞明皆学问，人情练达即文章。丰富的人生阅历是话题富足的根源，由自身体验得出的话题最具有魅力，而且取之不尽，用之不竭。所以，想要积累谈资，就要不断地拓展视野、增长见闻，丰富自己的生活经历。

当一个人就某个话题表述自己的看法的时候，往往总是首先在他已有的人生阅历的材料储备中去寻找和发现可供选用的内容，把它编入话题。自己亲身经历过的事情，往往感受最真切、具体、详实，表述的时候也最生动、最形象、最动人。

莎士比亚的著名悲剧《奥赛罗》中，奥赛罗之所以能获得苔丝狄蒙娜的爱，就是因为他动情地讲述了自己的人生经历。奥赛罗是一个黑人，他英勇善战，屡建奇功，深得元老院元老勃拉班修的器重。勃拉班修常常请奥赛罗到他的家里去，要他讲述自己传奇般的人生经历。奥赛罗把自己的一生从童年开始

原原本本地说了出来，讲述了最可怕的灾祸，海上陆上惊人的奇遇，间不容发的脱险，被俘为奴和遏赎脱身的经过，以及旅途中的种种见闻。在奥赛罗动情地讲述自己的经历时，勃拉班修的独生女儿苔丝狄蒙娜在一旁听得很仔细，她受到极大的感染，从而爱上了奥赛罗。她暗示奥赛罗说：要是她有一个朋友爱上了她，他只要教她怎样讲述他的故事，就可以得到她的爱情。于是，奥赛罗向她求婚了，两人终成眷属。

由此可见，人生阅历具有很强的感染力。所以，在寻找谈资时，不妨多从自己的阅历入手，讲一些自己的旅途见闻、有趣经历、难忘的奇遇……

人生阅历和社会经验是口语表达的重要基础，一个久经沙场的将军说起打仗必滔滔不绝；一位经验丰富的记者，谈到采访定会真实可信，生动感人；一个游历四方，走遍大江南北的旅游爱好者，谈起各地的风土人情，定会口若悬河。

丽莎是一个谈话高手，无论是在公司里，还是在家里，还是在朋友的聚会上，她都是"焦点人物"，通常都是她在滔滔不绝地讲个不停，而大家都当最忠实的听众，津津有味地听她发言。

是什么有趣的故事能让丽莎滔滔不绝，让大家兴趣盎然呢？就是丽莎丰富有趣的经历。丽莎是个超级"驴友"，特别喜欢旅游，只要有时间，就会背上背包，四处游玩，从"冰城"哈尔滨到海南的"天涯海角"，她的足迹遍及大江南北，有了这么丰富的旅游经历，自然就会有很多谈资了。从北京的故宫，讲到南京的中山陵；从泰山讲到庐山；从西湖八景讲到桂林山水……只要丽莎在，谈话气氛一定是非常欢快热烈的，大家都喜欢听她讲旅途见闻，就仿佛自己也去那里旅游了一样。

旅游是丰富人生阅历的一个好方法，此外，还可以通过参加社会活动，使自己的人生更加多彩。例如参加公司的运动会，参加社区的征文比赛，或者利用空余时间去参观博物馆、看话剧……通过这些方式，都可以使我们的阅历丰富起来。这样，在谈话的时候，就会有取之不尽用之不竭的谈资了。

只靠一张嘴巴凭空虚谈是远远不够的，这样很容易导致冷场。我们在生活中会遇到各行各业，各个阶层的人，想要和每个人都能侃侃而谈，就要以丰富的社会经验和阅历作为依托。

提升自己的综合能力

西方人对口才十分重视，他们认识到在市场经济和信息社会中，良好的口才是人生追求成功的重要技能。他们也是这样做的，他们常常根据一个人的讲话水平和交际风度来判断其学识、修养和能力。

口才和交际的学问，在美国、西欧和日本等发达国家早已盛行，不论是学校教育，还是成人教育都很重视开设这门课程。

美国著名成功学家戴尔·卡耐基以其毕生的精力教给人们怎样做人处世，走向成功，卓有成效。"卡耐基课程"早已成为心理、口才与交际的成人教育的代名词。美国的卡耐基学院已达1700多个。

目前，美国已有300多所大学设有说学系或演说学系。从1976年到1980年的四年间，仅获得"说学"硕士以上的专门人才就有三万多人。

在我国，提高大众的口才已显示出迫切性。长期以来，有一种陋习，就是不把口才看作是真才实学，认为那只是摇唇鼓舌、耍嘴皮子，或只是夸夸其谈，哗众取宠；或把口才与诡辩联系起来，或片面地认为口才只是讲话的技巧。也就更谈不上把口才和交际能力看作是人生的基本功和必修课，有些人甚至认为能说会道算什么？不过是耍嘴皮子罢了！可是真的等他需要能说会道的时候,他已经来不及"磨嘴上阵"了。

其实,口才是一个人的综合素质和综合能力的体现。一个善于言谈或口才好的人,必须具备敏锐的观察能力,深刻地认识事物、准确地反映事物的能力;必须具有辩证的科学的思维能力,能够全面地分析,准确地判断,合乎逻辑地推理;必须具有广博的知识,能够旁征博引,言之有物,有理有据;还必须有良好的应变技巧,词汇丰富,条理清晰,风趣幽默。所以口才如何既是一个人学识的重要尺度,更是衡量一个人实际能力的重要尺度。市场经济离不开公平竞争,而竞争常常离不开语言。在商业的活动中,能说会道,能使顾客满意,生意就越做越旺;相反,板着脸,说话生硬,不得体,顾客不喜欢,老板也要炒他的鱿鱼。

1988年10月,一位来自台湾的客人来到金陵饭店公关部售票台前。"早上好!"公关经理很有礼貌地站起来招呼。

"我要3张后天去上海的91次软座票。"客人不耐烦地说。见客人情绪不好,公关经理立即将订票单取出,帮客人登记。当写到车次时,公关经理习惯性地发问:"先生,万一这趟车订不到,511、305可以吗?它们的始发时间是……"

没等公关经理说完,客人连说:"不行!不行!我就要91次。"公关经理又强调了"万一……"这番好心反而把客人惹火了:"什么万一,万一,你们是为客人服务的,就不能这么说!"这时,公关经理立即意识到自己说话方法不妥,差一点把客人赶跑了。她根据对方反馈的信息,立即调整话语,转换语气说:"我们一定尽最大努力设法给您买到。"这时客人脸上才露出了笑容。

第二天客人来取票。根据头天打交道的情况。公关经理一改过去公事公办的办事态度,笑咪咪地说:"先生,你的运气真好。车站售票处明天91次车票好紧张,只剩三张票,全给我拿来了,看来先生您要发财了。"

客人闻听此言,立即转身跑到宾馆小卖部,买了一大包糖回来请公关经理吃。

自那以后,客人每次见到公关经理都打招呼,点头微笑。临走时,他高兴地说:"下次来南京,一定还住金陵。"

那一位公关经理差一点把自己的饭碗砸了,还好,她还有随机应变、及时调整的能力。她原先语言硬梆梆,语气冷漠,一副公事公办的样子,台湾客人则神情愤怒、生气,对其不满;当她一发现苗头不对,马上语言变得温情、善解人意,语气得体、适宜的时候,台湾客人的脸上则阴转多云,表情走向舒缓,心里是甜滋滋、喜洋洋的。不难看出,正是因为这位经理综合能力较强,才使她度过了难关。

 ## 找到对方感兴趣的话题

与人交谈时,如果话题处理得不好,就会导致四目相对,局促无言。而如果能找到彼此的共鸣点,找到双方都感兴趣的话题,就能顺利地打开话匣子,畅所欲言。

寻找共同话题的最大困难就在于不了解对方,所以同他人交谈首先要解决好的问题便是尽快熟悉对方。我们可以通过观察获得很多信息,对方的发型、服饰、说话时的声调及举止,等等,都可以给你提供了解对方的线索,从中看到他的爱好和修养。

有一次,有一位业务员去一家公司销售电脑,他看到这位公司老总的书架上放着几本金融投资方面的书。这名业务员刚好对于金融投资比较感兴趣,所以,就和这位老总聊起了投资的话题,从股票聊到外汇,从保险聊到期货,聊人民币的升值,聊最佳的投资模式,两个人聊得热火朝天,忘记了时间,最后当谈到业务员销售的那种产品时,老总毫不犹豫,顺利地和他签约了。

要想和对方有"共鸣",关键是学会"没话找话"。怎样

才能找到好话题呢?

1. 要选择众人关心的事件为话题

把话题对准大家的兴奋中心,谈论这类话题时,人人有话,自然就能说个不停了,以至引起许多人的议论和发言,导致"语花"飞溅。这类话题包括时事新闻以及大家比较关注的人物、事件等。

2. 灵活自然,就地取材

谈话时如果能巧妙地借用彼时、彼地、彼人的某些材料为题,借此引发交谈,将能够引出源源不断的话题。

有人善于借助对方的姓名、籍贯、年龄、服饰、居室等,即兴引出话题,常常取得较好的效果。就地取材的关键是要思维敏捷,能达到由此及彼的联想。

3. 学会"投石问路"

先提一些"投石"式的问题,在略有了解后,再有目的地交谈,便能谈得更为自如。如在乘火车时见到陌生的邻座,便可先"投石"询问:"你老兄是哪里人呀?""你是做什么工作的?""在哪里下车啊?"这就有了和对方"共鸣"的机会。

4. 从兴趣爱好入手

问对方的兴趣,循序发问,能顺利地进入话题。如对方喜爱扑克,便可以此为话题,谈打扑克的情趣。如果你对扑克略通一二,那肯定谈得投机;如你对扑克不太了解,可静心倾听,适时提问,借此大开眼界。

5. 求神要看佛,说话要看人

人各有其情,各有其性。言辞表达的内容和方式要因人而异,左右逢源，见什么人说什么话。这样才有可能产生"同声相应，同气相求"的效果。对说话者来说，要想达到某种表达效果，就必须区分接受对象。

和一个5岁以下的孩子，要讨论糖果；和一个10岁左右的孩子，要讨论游戏；和一个初高中生，要和他讨论学习、考试；和20岁左右的青年人，要和他探讨流行的事物和恋爱的技巧；见到一个初为人妇的女子，要和她探讨厨艺，她丈夫的事业；如果见到一个初为人母的女子，要和她讨论育婴经验；和一个四五十岁的中年妇女要谈论孩子的未来，她老公的身体情况；如果见到一个儿孙满堂的老奶奶，就和她谈淡她的幸福晚年。

要谈得投机，谈得其乐融融，双方就要有一个共同感兴趣的话题，要能够引起双方的"共鸣"。只有双方有了"共鸣"，才能够沟通得深入、愉快。

通过多种渠道了解对方

人们常说"不打无准备之仗"，当一个人需要和一个陌生人沟通的时候，就像在打一场仗，只有事先做好充分的准备才有可能一战而胜。那么，该怎样准备呢？一方面，可以通过多种渠道了解对方的背景、经历、性格、喜好；另一方面，在对对方基本情况了如指掌的前提下，设想有可能出现的问题，做好以不变应万变的心理准备。然后，在交往之中针对对方的特点有的放矢、投其所好，令其大有"相见恨晚"之感，从而成功赢得对方信任。

盛宣怀是晚清的一位大臣，他在拜见陌生的上级时，就非常注意了解对方的有关情况。一次，在李莲英的保荐下，醇亲王特地在宣武门内太平湖的府邸接见盛宣怀，向他垂询有关电报的事宜。盛宣怀以前没有见过醇亲王，但与醇亲王的门客"张师爷"过从甚密，从他那里了解到两个方面的情况：一方面，醇亲王跟恭亲王不同，恭亲王认为中国要跟西洋学，醇亲王则不认为中国人比洋人差；另一方面，醇亲王虽然好武，但自认为书读得不少，颇具文采。盛宣怀了解情况后，就到身为帝师的工部尚书翁同龢那里抄了些醇亲王的诗稿，念熟了好几首，以备"不时之需"。

另外，盛宣怀还从醇亲王的诗中悟出了些醇亲王的心思，毕竟"文如其人"。胸有成竹之后，盛宣怀前来谒见醇亲王。

当他们谈到电报这一名词的时候，醇亲王问："那电报到底是怎么回事？"

盛宣怀回答道："回王爷的话。电报本身并没有什么了不起，全靠活用，所谓'运用之妙，存乎一心'，如此而已。"

醇亲王听他能引用岳武穆的话，不免另眼相看，便问到："你也读过兵书？"

"在王爷面前，怎么敢说读过兵书？不过英法内犯，文宗显皇帝西狩，忧国忧民，竟至于驾崩。那时如果不是王爷神武，力擒三凶，大局真不堪设想了。"

盛宣怀略停了一下又说："那时有血气的人，谁不想洗雪国耻，宣怀也就是在那时候，自不量力，看过一两部兵书。"

盛宣怀真是三句话不离醇亲王的"本行"。

醇亲王是盛宣怀的上级，他的接见关系到盛宣怀的前途与命运，因此盛宣怀花了不少的工夫来打探醇亲王的情况，对他的喜好、性格了解得一清二楚，为自己增添了不少信心。拜谒之时，盛宣怀句句话说在醇亲王的心坎儿上，使他觉得这个人很合自己的胃口，于是很快对他委以重任，盛宣怀的未雨绸缪帮了自己的忙。

在与陌生人接触前,我们一定要对他有一个充分的了解,这样才能做到"知己知彼,百战不殆",能用最短的时间拉近彼此情感和心灵的距离,帮你促成某事。

 ## 找准他人与你的契合点

对自己身上所不具备的东西感兴趣,这是人的本性。因此,在与他人沟通的过程中,充分利用这一点。

世界上没有两个一模一样的人,同样,也没有在性格、思想、能力上完全一样的人。在和别人打交道的时候,我们更多的时候是去面对别人与众不同的特点,有时甚至是缺点,所以,找到别人和自己的契合点非常重要。

和谐的关系是懂得彼此的差异性并力求互补的结果。对自己身上所不具备的东西感兴趣,这是人的本性。一起玩得特好的朋友,也常常是彼此互补的人。

民国时期的国学大师黄侃留学日本时,结识了刘师培,两人相与筹谋革命,相互学习,交往日深,成为知己。

辛亥革命后,袁世凯想恢复帝制,便四处拉拢社会名流,他找到黄侃,并赠大洋 3000 元和一枚一等金质嘉禾勋章,想让黄侃为他写《劝进书》。黄侃拿了袁世凯的赏钱,却并不做事,整天四处游玩,并将那枚勋章挂在一只黑猫的脖子上。而刘师培经不住富贵利禄的引诱,先变节为密探,后来成了"筹安会"六君子之一。

刘师培有一次劝黄侃支持帝制,黄侃声色俱厉地说:"如此等事,请先生一身任之。"然后拂袖而去,在座的其他人也跟着黄侃一哄而散,弄得刘师培狼狈不堪。

1917 年,黄侃与刘师培再次在北京相遇。此时的刘师培因

参加"筹安会",正处于穷困潦倒之际。黄侃便到蔡元培那里,推荐刘师培在北京大学授课,解决了他的生计问题。

两年以后,重病在身的刘师培,因怕自己平生所学失传而焦心。黄侃安慰道:"君今能在北大授课,就别再为羌按续而发愁了。"刘师培凄然说:"那些人都没有能力担当此任!"黄侃禁不住问:"那谁能担当呢?"刘师培说:"唯君足以担当此任!"黄侃正色道:"如果真是那样,刘先生不弃,侃愿执经受业。"

第二天,黄侃叫妹夫预订上好酒席一桌,将仅年长两岁的刘师培请至上席,叩头行拜师大礼,从此对刘师培改称老师。黄侃还对妹夫说:"《三礼》为刘氏家学,今刘肺病将死,不这样做就不能继承绝学。"

数月后,36岁的刘师培终因肺病不治而早逝。黄侃以弟子之名亲撰《先师刘君小祥会奠文》以示哀悼。小学是经学的工具,而经学又是小学的材料。作为小学大家的黄侃如此重视经学,令人赞叹不已。他拜朋友为师,也成为士林佳话。

黄侃就是能够找到和朋友的契合点的人。在刘师培成为"筹安会"六君子之后,仍然和他来往,并在最后,为不使刘的绝学失传,毅然改朋称师。虽然在政治上,两人观点鲜明,截然不同,但正是两人对国学的热爱才使他们一直都保持着很好的关系。

所以,在我们和别人相处的时候,不要只看到别人与自己的分歧,应该多看到朋友的优点,找到彼此都相互接受的地方,相互学习,来扩大自己的"面积"或者"容量"。这是一个相互磨合互补的过程。

哈维·麦凯,如今拥有价值数百万美元的有限公司,可他大学刚毕业的时候,却十分迷恋高尔夫球,想成为一名职业高尔夫球手,但遭到了父亲的强烈反对。父亲为了让他彻底放弃高尔夫球,做一些实实在在的事,经常安排儿子和一些已取得了巨大成就的企业家们接触。父亲很清楚儿子是个英雄崇拜者，这些"英雄"们一定会对他产生影响。

有一次，哈维·麦凯刚刚迈进汉姆弗利的办公室，这位职业政客就从椅子里跳起来，热情地说："哈维，亲爱的，一位很好的高尔夫球手，真羡慕你。我多想也能有你这种天分。"说着他把哈维拉到了窗前，指着白宫的方向继续说："艾森豪威尔就是一个出色的高尔夫球手，说不定现在这位总统正在他办公室的地毯上练习高尔夫呢。努力吧，哈维，你也会成为一个总统的。"

哈维清楚地知道，这位政客把他当作了工作的对象——一位即将成为选民的青年。只几分钟时间，这位老练的政客就征服了他的对手，使哈维成了他的朋友、竞选支持者和资助者。对方找到了他需要的一面，而哈维也得到了他的一面：他决心要学汉姆弗利的精神，照着他的长处去做事，果然长劲很大，走向了成功。

所以，与所有人相处都可以找到让自己学习的一面，也就是说能结合到你看好的那一面。要尽最大的努力去了解和你相处的人们，这样你才能找到你和他们的契合点。找到以后，就尽量在这个契合点上多做接触，对于那些你们有分歧的地方，就可以尽量避开，这样你的朋友就会一个一个地多起来，你在人群中也会逐渐变得受欢迎。

巧妙推开"寒暄"之门

一般来讲，寒暄是推销员与顾客进行沟通的第一关，寒暄得当，推销的第一道门也就应声而开，如上某公司或某顾客家，当双方交换名片，对方让你坐下之后，不要急于将对方的名片装进口袋，应放在自己座位前面的茶几上或桌子上，以便于利用这段时间记住对方的职务和姓名。

有时候对方主动找话题，在这种情况下只要顺着对方的话题发挥就是了。但一般来讲应该自己先开口，譬如：

"百忙中来打扰您，真不好意思。"

如果事先没有预约则可说："也没有事前跟您打个招呼就来了，很对不起。"

如果是刚上班，则可以说："一大早就来打扰您，真对不起。"

如果是下午3点之后，则说："这么晚了还来打搅您，真对不起。"等等。

接下来说一些关于时节之类的客套话，或祝福对方事业兴旺之类的客套话等。

有经验的推销人员可以省略上述老套，来一些别开生面的开场白，譬如可以从进公司第一印象说起：

"贵公司的员工真了不起，使我大吃一惊。"对方接下来可能会问："从何说起呢？"你不妨答："连我这样的人都受到如此热情的接待，可见一斑。"对方听到赞美他们公司的话一定会乐在心里的，如此一来也为下面的话题创造了一个良好的气氛。

不过上述开场白如果运用得不恰当的话就容易闹出麻烦来，所以新手最好不用，等有了经验之后再用。

除非对方催促或没有时间，否则开场白仅三言两语就草草了事的话并不一定好，在双方气氛尚未融洽之前进入主题的话，效率也一定都很低，所以不能操之过急。

在对方接待室会谈的时间一般来讲以三四十分钟为宜，但是，这也要看当时的具体情况，当你得知对方很忙，或者对方员工频繁地进进出出，像在商量什么事情似的，或者对方坐不住也沉不住气，像有什么事的样子，或者另有客人在等着对方接见等，那就要针对当时的情况及时地采取措施，即使没有谈完也要体谅对方，先行告辞，以便改日再谈。

谈话时若有人为你端来茶或咖啡，要小声地说一声"谢谢"并点头致谢，这虽是常识，但商谈进入高潮时往往容易被忽略。对端茶的人有礼貌的话，很容易取得对方的好感，也有利于谈判的气氛，可别小看这些小动作。

相互问候之后进入商业谈判之前往往有一个"冷场"的时间，如何处理好这段时间较为困难，如果把见面时的开场白作为谈话的第一步战略，那么这个时间的谈话就算是第二步战略了。这时，要尽快地引出让对方很感兴趣的话题，这对于谈判的成功是相当重要的。

访问之前，如果你搜集了对方的有关资料，为第二步战略做好了充分准备的话，谈话时就可以得心应手、滴水不漏，若没有掌握对方这一方面的资料也不知道对方的兴趣、爱好或经历，就一定要千方百计地想办法寻找共同的话题。例如，称赞茶、咖啡等饮料味道好，办公器具高雅别致，椅子沙发高级等。当你说"你的沙发真有点总经理的派头"时，对方会微微一笑，觉得你这个人挺有意思的。墙壁上如果挂有匾额或字画的话，就可问："您喜欢字画吗？"总而言之，只要认真观察琢磨，周围可做话题的实在很多。

电视新闻、体育比赛也可以作为话题。譬如在世界杯期间，可问对方："您喜欢看足球吗？"如果对方回答"喜欢"，则可以进一步问："您喜欢哪一支球队？"进而还可拿昨天比赛的胜负做话题。

对方可能是球迷，也可能因昨天自己喜欢的那支球队输了球而心情不佳，也有的人可能因工作繁忙或者没有兴趣而对体育比赛漠不关心，所以自以为是地乱发挥是不行的。聊天时要注意观察对方的表情及反应，若对方不感兴趣则要及时变换话题。

把话说到别人心坎里

　　初次见面就谈得投机的话接下来就比较顺利了。一般说来这种情况下应说一些高兴的事，不要讲一些令人丧气的事。如果对方天南地北地说个不停，那你就要好好听着，再根据时间及情况，顺理成章地把话题转入正题。

第六章　给自己的语言加点温度

　　良言一句三冬暖，恶语一句六月寒。充满真情的语言最能让他人接受，最能把话说到心坎上。因此，在与他人的交谈中，必须给自己的语言加点温度，学会讲点人情话，以真情来打动人心，感化人心，让他人在短时间成为你的朋友。

感人心者,莫先乎情

人是有感情的动物,对感情尤为敏感,而语言所负载的信息,除了理性信息之外,就是情感信息。这种情感信息的内涵十分丰富,它的功能不仅是要诉诸人的理智,而且是要打动人的情感。"感人心者,莫先乎情",这就要求我们在说话中,一定要充满着讲说者自己的真情实感。所谓情感,就是人接触客观外界事物所产生的肯定或否定的心理反应,诸如喜欢、愤怒、悲伤、恐惧、爱慕、厌恶等。

人在日常交往中,深厚稳定且有原则性的情感,往往会产生巨大的鼓舞力量。因此,"情"是口语表达的一个重要因素。

在人际交往中,话语所饱含的情,就会在传递信息、思想的同时产生言语魅力和感染作用,从而取得圆满的交际效果。俗话说:"情自肺腑生,方能入肺腑""通情才能达理"。列宁也认为:"没有人的情感,就从来没有,也不可能有人对真理的追求……只有被感情支配的人才能使人相信他的情感是真实的,因为人们都具有同样的天然倾向,惟有最真实的生气或忧愁,才能激起人们的愤怒和忧郁。"这就是说,说话人的话语一定要受到发自内心的充沛情感的支配,才可能产生感染力、影响力和号召力。世界最著名的演讲家之一,美国黑人领袖马丁·路德·金在林肯纪念堂前发表了《美国给黑人一张不兑现的期票》的演说,其高潮部分是这样的:

"回到密西西比去吧。回到阿拉巴马去吧。回到南卡罗来纳去吧。回到佐治亚去吧。回到路易斯安纳去吧。既然知道这种境况能够而且一定改变,那就回到我们南方城市中的陋巷和贫民窟去吧。我们绝不可以陷入绝望的深渊中。

"今天,我对大家说,我的朋友们,即使我们面临着今天和明天的各种艰难困苦,我仍然有个梦想,这是深深扎根于美国人梦想中的梦想。我梦想着,有那么一天,我们这个民族将会奋起反抗,并且一直坚持实现它的信条的真谛——'我们认为所有的人生来平等是不言自明的真理'。

"我梦想着,有那么一天,甚至现在仍为不平等的灼热和压迫的高温所炙烤着的密西西比,也能变为自由与和平的绿洲。

"我梦想着,有那么一天,我四个孩子,能够生活在不以他们的肤色,而是以他们的品行来判断他们的价值的国度里。

"我梦想着,有那么一天,就在邪恶的种族主义者仍然对黑人活动横加干涉的阿拉巴马州,就在其统治者抱不取消种族歧视政策的阿拉巴马州,黑人儿童将能够与白人儿童如兄弟姐妹一般携起手来。

"我梦想着,有那么一天,沟壑填满,山岭削平,崎岖地带铲为平川,坎坷地段夷为平地,上帝的灵光大放光彩,芸芸众生共睹光华。

"这就是我们的希望。这是我们返回南方时所怀的信念。怀着这个信念,我们能够把绝望的群山凿成希望的磐石。怀着这个信念,我们能够将我国种族不和的喧嚣变为一曲友爱的乐章。怀着这个信念,我们能够一同工作,一同祈祷,一同奋斗,一同入狱,一同为争取自由而斗争。坚信吧,总有一天我们会自由……"

在这段演讲中,马丁·路德·金用四段"我梦想着"领起的排比式表述,深情地、正面地、具体地表现了对自由的渴望,语势磅礴,一泻千里。他热切地期望种族歧视最严重的密西西比变成"自由与和平的绿洲",希望自己的孩子在有高尚品德和卓越才能的情况下不因肤色不同而得不到公正对待,希望黑人儿童与白人儿童能像兄弟姐妹一样携起手来,和睦相处,由此甚至希望一切都变得公正平直,坦途通天。作为民权运动的领袖,他的这些话完全发自肺腑,道出了千百万黑人的心声,使得在场的听众有的呐喊,有的喝彩,有的悄然流泪,有的失声痛哭。话语之"情",出于肺腑,方能入肺腑,达到以情动人的效果。

学会真诚地赞美他人

根据美国《幸福》杂志下属的名人研究会的研究结果表明:人际关系的顺畅是事业成功最关键的因素,而赞美别人是处世交际最关键的课程。因此如果你懂得如何去赞美别人,再加上你聪明的脑袋,还有脚踏实地的精神,就等于事业成功了一半。从很大意义上讲,学会赞美他人是事业成功的阶梯。

真诚地、发自内心的赞美可以搞好你的人际关系,使你在事业的道路上畅通无阻。赞美从一定意义上讲,是一种有效的感情投资,当然,有付出就会有回报。对于领导的赞美,能使领导心情愉悦,对你越发重视;对于同事的赞美,能够联络感情,增强团队精神,在合作中更加愉快;对于下属的赞美,能使你赢得下属的敬重,激发下属的工作热情和创造精神,从而更好地协助自己在事业上的发展;对自己生意伙伴的赞美则会赢得更多的合作机会,从而获取更多的利润。如果你是一个商人,学会赞美你的顾客,则会拥有更多的顾客回头率。一位精明的售衣商往往会说:"太太真是好眼光,这是我们这里最新潮的款式,穿在太太身上,太太一定会更加漂亮。"几句话,这位太太肯定眉开眼笑,马上开包拿钱。美国的商界奇才鲍罗齐就曾说过:"赞美你的顾客比赞美你的商品更重要,因为让你的顾客高兴你就成功了一半。"

赞美对于你的家人、朋友同样重要，俗话说："家和万事兴。"家庭和睦，则万事兴旺。作为父母，适当地赞美自己的孩子，可以使孩子更具有自尊心和自信心，可以沟通家长与孩子的感情。另外，朋友之间适当的赞美也是必不可少的，朋友对于我们每一个人都是非常重要的，有人说："没有朋友的生活等于死亡。"而朋友之间相互赞美是朋友产生的前提之一，因为既然成为朋友，就一定有双方相互欣赏的一面。

学会真诚的赞美才能符合时代的要求，同时它也是衡量现代人素质的一个标准，也是衡量一个人交际水平的标准。学会真诚地赞美是性情休养的需要，有助于使自己达到更高的人生境界。同时，赞美别人既是压力又是动力，因为压力而产生动力。因为你赞美别人就意味着你肯定了他人的优点与成绩，相对应的是，你逐渐意识到自己的缺点与不足，人只有不断地发现自己的缺点与不足，才能更好的完善自己，取得更大地进步。如某一个班上有两个同学同名同姓，其中一个成绩特别好，而另一个同学则成绩平平，一天，成绩一般的那个同学对成绩好的那个同学说："我俩姓名一个样儿，而你的成绩却每次都高我一大截，我真是打心眼儿里佩服你。"不过，后来这个成绩一般的同学变压力为动力，最终也考上了一所重点大学。

学会赞美别人，可以给你带来远见卓识，可以让你拥有宽广的胸怀，这些是一个人走向成功必备的性格和修养。学会赞美别人，可以使你获得真挚的友情，可以有很好的人际关系。俗话说，朋友多了路好走，此路不通还可以走彼路。赞美别人还可以使自己产生压力感和紧迫感，从而成为进步的动力。如果你学会了赞美别人，你就拥有了开启成功之门的钥匙。美国第40任总统里根，出生于美国的平民家庭，先后从事过多种职业，20世纪60年代中期开始弃商从政，1980年当选为美国总统，被认为是美国历史上最杰出的总统之一。里根在78岁生日时对记者说："在我14岁的时候，我的母亲对我说，千万别忘了发现别人的长处,多说别人的好话。从此以后,我牢记这句话,甚至在梦里也不忘赞美别人。可以说是我的母亲塑造了我的一生。"里根总统的话再次证明了一点:学会赞美他人是你成功的阶梯。

 ## 让你的语言显得温情脉脉

我们在与人交往中,不管是同意人家的意见还是不同意,都不要摆出一幅冷冰冰的面孔,谁也不愿意和冰冷态度的人谈话。即使是出于某种无奈而非谈不可,在心底也已经产生了反感。试想,这样的谈话能有好结果吗?因此,我们在交往中要学会笑,学会用笑给人以温暖。不论对方是谁,有怎样的见解,如何让人讨厌,那你可以不和他交谈或躲开,摆一幅冷面孔总是无益的。有这样一个故事:

飞机起飞前,一位乘客请求空姐给他倒一杯水吃药。空姐很有礼貌地说:"先生,为了您的安全,请稍等片刻,等飞机进入平稳飞行状态后,我会立刻把水给您送过来,好吗?"15分钟后,飞机早已进入了平稳飞行状态。突然,乘客服务铃急促地响了起来,空姐猛然意识到:糟了,由于太忙,忘记给那位乘客倒水了。空姐来到客舱,看见按响服务铃的果然是刚才那位乘客。她小心翼翼地把水送到那位乘客跟前,面带微笑地说:"先生,实在对不起,由于我的疏忽,延误了您吃药的时间,我感到非常抱歉。"这位乘客抬起左手,指着手表说道:"怎么回事,有你这样服务的吗?"无论她怎么解释,这位挑剔的乘客都不肯原谅她的疏忽。

接下来的飞行途中,为了补偿自己的过失,每次去客舱给乘客服务时,空姐都会特意走到那位乘客面前,面带微笑地询问他是否需要水,或者别的什么帮助。然而,那位乘客余怒未消,摆出一副不合作的样子。

临到目的地前,那位乘客要求空姐把留言本给他送过去。很显然,他要投诉这名空姐。等到飞机安全降落,所有的乘客陆续离开后,空姐紧张极了,本以为这下完了,没想到,等她打开留言本,却惊奇地发现,那位乘客在本子上写下的并不是投诉,相反却是一封热情洋溢的表扬信:"在整个过程中,您表现出的真诚的歉意,特别是您的十二次微笑,深深打动了我,使我最终决定将投诉信写成表扬信。您的服务质量很高,下次如果有机会,我还将乘坐你们的这趟航班。"

空姐看完信,激动得热泪盈眶。

 ## 善于讲点人情话

金哲大学毕业后在长春当公务员,妻子是长春人,结婚的时候他们曾到妻子的叔叔家做客,叔叔婶婶对这个一表人才的侄女婿很是欣赏。叔叔是一家国企的老总,两人坐到一起很能谈得来,一来二去,夫妻俩去岳父岳母家去得少,反倒去叔叔家去得勤。

可是最近金哲发现叔叔婶婶的态度有了很大变化,对他们越来越冷淡,有时候他们说要去看二老甚至遭到拒绝,二人百思不得其解。后来还是岳母替他们解开了这个谜,叔叔家经济条件较好,有别人送的好烟好酒以及单位里发的一些东西常让他们带回家。前段时间金哲曾提到想调到一个更有前途的部门,也是叔叔通过关系帮他办成了。但是,就妻子这一边来说,可能觉得是自己的叔叔这么亲的关系,就金哲这边来说,可能觉得这些对他们不过是举手之劳,因此,事前事后始终没说什么人情话。婶婶有意无意地跟岳母提起，叔叔为此很是生气，说他们是白眼狼，不值得别人帮忙。二人一听连忙去谢罪，才算挽回一点。

金哲夫妇不重视人情话，认为自己心里的感激人家一定知道，结果受到了叔叔婶婶的冷落，被视为"白眼狼"。不要以为人情话只是虚话、套话，它是一种必须和必要，如果你能以十二分的真诚去说，人情话里就会透出浓浓的人情味，让人感动不已，让人喜欢你。

只要你真正关心他人，就会赢得他人的注意、帮助和合作，即使最忙碌的重要人物也不例外，也正是在这种条件下，你说话的分量才会越来越大。要做到这一点也许并不难，你只需真诚地说几句关心人的人情话就行了。

你知道谁最得人缘吗？也许你在外面行走的时候就会碰见它。当你走到距离它1米时，它就会向你摇头摆尾，如果当你停下来摸摸它的头，它就会高兴地向你表示亲热。而且它的这些表现绝对没有不良企图：既不会向你兜售房地产，也不想同你结婚。大家都应该知道这是谁了吧？一只可爱的狗。

不知你是否想过，狗是不用工作而能谋生的动物。牛得犁地、母鸡得下蛋，但狗却什么也不用做，只是对你表示亲热。它从没读过心理学，凭着其天赋和本能，在很短的时间内，凭借着对人表示诚心诚意的亲热而赢得了许多朋友。

这是一个"洋老板"关心体贴中国雇员的故事：苏州一个叫何洋的人，应聘进了一家合资饭店。何洋的妻子分娩那天，他向"洋老板"请假半天，老板得知其请假的缘由后，再三表示，不必担心目前工作多人手少的问题，可以多放几天假，回家陪陪太太和儿子。一次，何洋的妻子和儿子均生病住院，过度的劳累致使何洋在一次工作时间内睡着了，"洋老板"为此十分生气，叫其卷铺盖回家。而当他得知何洋睡觉的原因后，则自责不已："我脾气不好，请您原谅我。"并"命令"

何洋立刻放下所有的工作回家料理家务,照顾妻儿。三天后,何洋来饭店工作时,洋老板送给他一辆漂亮的童车,惟恐不接受,还撒谎说:"这车是朋友送给我的,现转送给您,节假日里,希望您与妻子一道,用这辆车带孩子出去玩玩,并请接受我这个英国老头子对您全家的良好祝愿。"何洋闻之早已泪水盈眶。自此,他与洋老板的关系越处越好,工作中则更是"死心塌地"地干。

大人物也好,小人物也好,这种让人从心里感动的人情话都应该多说,这样会给自己的人际关系创造一个良好的氛围。

生活中,有的人说话过于随便,不分场合说个不停,可对于人情话却惜语如金。如果你能真诚地多说一些感谢话、问候话、关心话,以及其他一些好听的话,那么你的人缘一定会好得多。就拿朋友交往来说吧,在一起时间长了,彼此之间常会互相帮忙,完事之后,一句人情话适时递上:"张哥,昨天那事你受累啦,咱哥俩儿这关系感谢的话我就不多说了。""大李,孩子这么大了,你还给他买玩具干吗?他喜欢得不得了,可以后你这当叔叔的也别太惯着他,哪天来我家尝尝你嫂子包的韭菜馅饺子。"这时候帮你忙的人感觉到自己的好意被你领受了心里自然也受用。

其实,朋友也好、亲戚也好,帮个忙、送点礼是常有的事。人们做这些事的时候跟求人办事不同,并不是想从你这里得到些什么好处,甚至于因为关系铁还很愿意帮忙,他所要求的也并不是等额的回报。这时候,如果你总认为这是理所当然,没有一句表示的话,人家怎么知道自己的好意是不是已被你接受?要知道,再要好的关系,既然受了别人的施予,就要做出及时、明确的表示,当然,一句恰到好处的人情话也就足够了。

人情话并不是虚虚飘飘的闲扯,把人情话说到对方心坎上还要投其所好和真诚。一个人如果能把人情话说得既动听又合人心意,那么他就可以赢得人心,做足人情,有个好人缘。

加热一下语言温度

某礼仪公司在训练迎宾小姐说"你好"。

这些接受训练的小姐们刚从学校毕业,她们还不知道迎宾小姐的真正价值所在,还不知人性深处人与人之间,尤其是男人女人之间的微妙心理,她们在刚开始训练时,只是口中跟着说:"你好!"

此时,她们说的"你好"是假惺惺的,是来自于嘴巴的机械运动,是十分做作的,也是相当生硬的。

只有当她们的迎宾、与人生经验挂上钩时,她们才会从内心深处发出一句"你好"的问候。此时的问候是亲切的,脸上的微笑是亲切迷人的,礼仪的手势也是温柔、诚恳的。

一句冷冰冰生硬的"你好"和一句热情洋溢的"你好"是有本质区别的。每个人的心中都有一杆秤,尤其是迎宾小姐给顾客的第一感觉,几乎决定了你的宾馆、餐厅会在顾客心中留下的记忆痕迹是美好还是厌恶,这些记忆就决定着你代表的宾馆或餐厅是否有回头客。还真是细节决定成败,一句"你好"若只是口到了,则必定是不能挽留顾客的。

人生价值的大小肯定与你所说的每一句话有关,尤其是说话的态度、神情和质量,几乎能决定你的人生质量!

爱迪生有一个伟大的母亲,他母亲就是会将老师的冷话——"你太笨了"升温成暖语的人。她时常对幼小的爱迪生说:"孩子,你是最棒的。"

一句冷冰冰的话,有时可以扼杀一个希望;一句暖烘烘的话,有时可以成就一个天才。

第六章 给自己的语言加点温度

冷话,就是指生硬的话,不带情感的话,甚至是冷酷无情的话。这样的话,是谁都不愿意听的。常言道:"温言一句三春暖,恶语伤人六月寒。"

要知道,语言是有温度的,不同的语言给人的感觉迥然不同。文明礼貌的语言是温暖的,比如谢谢、对不起、没关系;尊重他人的语言是温暖的,比如您好、您先请、请坐;关心他人的语言是温暖的,比如注意身体健康、多保重!

伤害人、侮辱人的语言是冰冷的。生活中,或许你也受过冰冷语言的伤害吧?如果你是戴着眼镜的男孩,有人会喊你"四眼";如果你是一个身材矮小的女孩,有人会叫你"豆包"。听到类似的话,相信你一定会很难过。"己所不欲,勿施于人",既然你不愿意听这些话,那么请你一定不要对别人说这些冷冰冰的话了!

温暖的语言,恰似一阵春风,能吹走心中的阴霾;温暖的语言,犹如一杯热茶,能抚慰受伤的心灵。而冰冷的语言,却像一把尖刀,能损伤人的尊严;犹如一根木棒,能打击人的自信。

社会造就了人们的话语内容,时代造就了说话的态度和心情。这个世界上,每个人都缺少温暖,尤其是竞争日益激烈的今天,人情越来越淡的今天,谁又不缺少阳光和温暖呢?

正因为我们大多数人都缺少温暖,心都是凉凉的,所以大多数人一开口就是冷冰冰的话语,如见到路边的乞丐向你乞讨,可能会冷叱一声"滚开!"见到别人投资失败了,有人可能会幸灾乐祸地说:"自讨的。"见到同事业绩大增,有人会愤愤不平道:"这没什么了不起。"

然而,若将身份换过来,我们成了那个意外的失败者、伤心者,或是成功者,我们内心深处也会期待着身边的人能说上几句温暖的话、阳光的话、正面的话、鼓励的话,而不是冷冰冰的话。

人都是有弱点的人,谁都希望从他人口中得到欣赏和鼓励,

把话说到别人心坎里

谁都想从他人那里得到尊严和面子,谁都想从别人那里得到温暖与关爱。

不要看阳光如此灿烂,其实绝大多数人心中都缺少阳光的温暖,人们都在孤独地赶路,谁都很少听到同路人的温暖语句,哪怕是一句也行,也能伴随着他们度过心中的冬天,也能不断地温热他们的心田。

因此,每当我们要讲冷冰冰的话时,应该用心升一下温后再讲出来。冬天谁都不愿意吃没加热的冷面包,谁都愿意吃微波炉中加热了的面包,因为这种面包闻起来香喷喷的,吃起来很柔软,很容易消化,拿在手中也能暖到心里。

假如人人都能将冷话加热后说出来,假如人人都能献出一点爱,那么,这个世界就会有点人情味,不然,就是人间地狱,冷风飕飕。

与朋友交流,说话不能太冷酷,要让人感觉有亲切感,那么别人才会愿意与你交流,愿意与你增进感情。否则只会拉开彼此间的距离。如:"嗨!穿得这么漂亮干什么?要迷死人啊!"这句恭维话就比"哼!不必穿得古里古怪招眼"要亲切得多。

总之,我们平时最好用点语言加温术。

20世纪30年代,在德国一个小村庄里,住着许多传教士。因为种种原因,小村庄里的村民们并不喜欢他们,其中一个叫米勒的青年还粗鲁地嘲弄他们,然而,有个叫西蒙的传教士并不在意村民们的看法,始终对人彬彬有礼。每天清晨,他在村口遇见米勒时,总会热情地说,"早安,米勒先生。"一开始,米勒并不理睬他,但日复一日,米勒终于被西蒙的热情和笑容感染了,也举了举帽子,笑着回答:"早安,西蒙先生。"

后来,米勒被纳粹征去当兵了。几年后,法西斯的铁蹄踏上了这个小村庄,所有的传教士被驱赶到村前的广场上,排着长长的队伍等待发落,指挥官手中的棍子指向左边,这个人必死无疑,而指挥官手中的棍子指向右边,则这个人还有生还的可能。轮到西蒙了，他颤抖着走上前去。但当他看到指挥官时，下意识地说了一句："早安！"令西蒙吃惊的是，那个指挥官居然就是米勒。听到这句问候，米勒冷酷无情的眼睛突然闪动了一下。随后，米勒便平静地回答道："早安，西蒙先生。"接着，他举起了指挥棒对西蒙说了两个生死攸关的字："右边！"

一句温暖的问候语，唤醒了米勒的灵魂；一句朴实的礼貌话，挽救了传教士的性命。

今天，我们应该提高自身素质，与脏话、粗话说"再见"，用文明和尊重给语言加温，让温暖的语言围绕在我们身边。到那时，你会惊奇地发现，你送给别人的或许仅仅是几个"您好""谢谢""对不起"，但别人还给你的却是一脸的笑意，满身的温暖。尊重他人，文明用语，给语言加温，你就会发现你的生活充满了阳光，充满了文明。

给语言加点温，让生活更惬意些；给自己一些温暖的语言，让生活更纯净些；给别人一些温暖的语言，让生活更和谐些！

 ## 尊重别人才能让人尊重

一个懂得尊重别人的人，在世界的任何一个角落，都能轻易找到自己的位置。

读书时，小林曾在美国的一家快餐店打工。刚上班不久，他对工作的程序还不熟练，错把一小包糖当作奶精给了一个女客人。

因为他一个小小的疏忽，使得这位女客人非常生气。也许是因为她正在减肥，或者是刚失恋，她当着所有客人的面大声对小林咆哮，简直把那包糖当成毒药："你干什么给我糖？难道还嫌我不够胖？"

那时的小林初来乍到,完全不懂减肥对美国人来说是一件多么沉重的事,呆呆愣在那里,不知所措。

快餐店的女经理闻声而来,沉着冷静地面对这一切,在小林耳边轻轻地说:"如果我是你,我会马上道歉,并且把她要的东西快点给她。"

小林照经理的吩咐做,致上最诚挚的歉意。那位客人有了台阶下,数落了几声就放过他了。

闯下这个大祸,小林忐忑不安地等着经理出来数落他。没想到经理只是过来对他说:"如果我是你,我会在下班后把这些东西认认真真熟悉一下,以后就不会再拿错了。"

不知道为什么,这一句"如果我是你"竟然使小林非常感动,好像听到的是一位朋友的意见,而不是上司的命令,他有一种受到"尊重"的感觉。

后来,可能他比较幸运,无论他在学校上课,在其他地方打工,不管是老师也好,老板也好,他们明明是提出不同意见,明明是在批评哪里不好,他们都不会说:"你怎么能这么做?""你以后不能再这么做!"而是用委婉的口气说:"如果我是你,我大概会……"

这种交谈方式使小林完全不感到难堪,不感到沮丧,取而代之的是一点温暖和几许鼓励。

只是多了那么几个字,一下子就站到了对方的立场。大家站在同一阵线,每个人都设身处地的替人着想,哪里还会有什么不满的情绪?更别说会造成什么人与人之间的隔阂、代沟了!

小林时常想:"真奇怪,怎么我碰到的老外就这么会做人?他们真懂得说话的艺术,可以把话讲到人的心坎里。"后来,他发现他们之所以会如此说话,是因为他们打从心底里这么想。

当你真正尊重别人,你说出来的话也会像沾了蜂蜜一样甜,而且你所沾的是天然的蜂蜜。

有一次,小林去一个美国演员家做清洁工。这个演员不是什么大明星，但是也位于金字塔的中上层，当女主人交代完他所该做的工作，突然对他说："请问我能够吸烟吗？"

小林吃了一惊，结结巴巴的回答："你……你是在问我？"

她笑着说："是啊！我想抽根烟，可以吗？"

"这是你的家呀！怎么抽烟还要经过我的同意？"

"我吸烟会妨碍到你，当然应该要得到你允许。"她一副理所当然的样子。在小林点头之后，她才拿起烟，把它点燃。

那天，小林发呆了很久，也想了很久。一个人在自己家里抽烟，还要温文儒雅地征求清洁工的同意，真是匪夷所思！更何况这位清洁工还不是本地人，根本不可能会有什么沽名钓誉的嫌疑。

小林不得不承认，在她征询他同意的那一刻，他是相当高兴。尽管他当时只是一个清洁工，还是可以和他们平起平坐，仍然有自己不被侵害的权利；因为尊重，他并不比任何人矮一截。

"人必重人而后人重之。"如果想要得到别人的礼遇，先问问你自己付出了多少。你不比任何人矮一截，同样的，也没有任何人比你矮一截。所以，我们要学习打从心底去尊重别人。这话不只是要说给别人听，更重要的是要说给自己听。

 ## 说话要打好"感情牌"

"人非草木，孰能无情"。人与人之间的语言交流，其实就是感情的交流、心灵的碰撞。如果你能用语言触碰到对方心中最敏感、最脆弱的情感之弦，冲破对方的感情闸门时，还有什么事情办不到呢？即使是再固执的人，也会被情所感染。亲情、友情、爱情，无不触及人们的心灵。在说服他人的时候，恰当地打好"感情牌"，可以巧妙取胜。

把话说到别人心坎里

1941年圣诞节前夕,丘吉尔去了美国,希望说服美国人和英国人一起联合起来,立即参加对德作战,以扭转英国所面临的危险局面。可是,当时很多美国人对英国人不抱好感,反对介入对德战争,这给丘吉尔的说服工作增加了不少的难度。

但是,丘吉尔不愧为著名的演说家,他在做说服工作时十分注意真情实感的运用,他用情感来打动美国人的心,使他们消除了对立的情绪,把英国人当作自己人,从而转变了态度,支持政府援助英国,参加对德作战。丘吉尔是如何在讲话时运用感情技巧的呢?

丘吉尔在讲话时说道:"我远离祖国,远离我的家,在这里欢度这一年一度的佳节。但是,确切地说,我并不感到寂寞和孤独。或许是因为我母亲的血缘关系,或许是因为在过去许多年的充满活力的生活中,我在这里得到的友谊,或许是因为我们伟大的人民在事业中所表现出来的那种压倒一切其他友谊的情感,在美国的中心和最高权力所在地,我根本不觉得自己是个外来者。我们的人民和你们讲着同样的语言,有着同样的宗教信仰,还在很大程度上追求着同样的理想,我所能感到的是一种和谐的兄弟间的亲密无间的气氛……今晚,在郊外的别墅里,在每一颗宽容无私的心灵中,我们得到了灵魂的平安……此时此刻,在今天这个夜晚,讲英语的世界中的每个家庭都应该是一个亮光普照的幸福与和平的小岛……"

丘吉尔从英美两国的共同语言、共同宗教、共同理想以及长期的友谊入手,用温暖感人的话语打动了美国人的心,激起了他们的情感共鸣,从而赢得了他们的支持,使他们由反战转入参加战争。

在说服他人时,多从情感上下工夫,一定能取得胜利。无论多么顽强的人,他的情感都有脆弱的一面,堡垒最容易从内部攻破。

美国曾有一位老妇人,一天,她走进一家律师事务所,向正在律师事务所办公的一位律师哭诉她的不幸遭遇,寻求他的帮助。原来这位妇人是一位孤寡老人,丈夫在独立战争中为国捐躯,她靠抚恤金生活。但是,前不久,抚恤金出纳员勒索她,要她交一笔巨额的手续费才能领取抚恤金。听到这样的事情,这位律师十分气愤,决定找这位出纳员理论。他找到这位出纳员说:"1776年的英雄已经长眠于地下,他那衰老而又可怜的夫人,就在我们的面前。这位夫人从前也是一位美丽的少女,曾与丈夫幸福地生活。不过,现在她已经失去了一切,变得贫困无靠。然而,享受烈士争取来的自由幸福的某些人,还要勒索她那一点点微不足道的抚恤金。试问,怎么忍心对一个无依无靠的老人如此残忍呢?"

此时,这位律师的眼圈已经红了,而那位出纳员也被唤醒了良知,承认了自己的过失。

富有感情的语言就如同一篇精彩绝伦的文章,声情并茂、寓情于理,让对方不得不为此动容。

真诚语言易让人认同

有一个戏剧《诸葛亮吊孝》,诸葛亮用真诚的语言感动了东吴上下,化解了恩怨,巩固了孙刘两家联合抗曹的统一阵线。

三国时期,孙权和刘备为了联合抗击曹操,是又联合又斗争的一对盟友。孙权的经理人周瑜和刘备的经理人诸葛亮也是又联合又斗争。在联合抗曹取得一定的胜利后,为了荆州的问题两家闹起了别扭。诸葛亮定计"三气周瑜",结果使周瑜一命而亡。东吴上下对诸葛亮是恨之入骨,决心要杀死诸葛亮为周瑜报仇。孙刘两家的盟友关系也遭受严峻地考验。为了不使两家分裂并结成仇恨,诸葛亮决定亲自到柴桑口为周瑜吊孝。

刘备一方的君臣坚持劝阻，认为诸葛亮一去必然要被东吴杀害，结果将是有去无回。

诸葛亮分析，周瑜死了之后，鲁肃就会执掌东吴的大权。鲁肃是个深明大义的人，不会做出鲁莽的事情；东吴要在江东站稳脚跟，也必须和刘备联合。孙权、鲁肃都不会拿他们的江山开玩笑。同时也需要通过这次吊孝化解双方的怨恨。加上由赵子龙这位智勇双全的将军随身保护，即使出现点意外，也将是有惊无伤的。诸葛亮说服众人，过江去了东吴。到达柴桑之后，鲁肃果然非常礼貌地接待了他。诸葛亮到了灵堂，读完奠文就伏地痛哭。情真意切，流泪不止。

一口一个"周都督"，一嘴一个"周贤弟"，一边诉说两人联合抗曹的谋略，一边长叹周瑜一死没有了共同谋划之人，似乎这个世界上只有周瑜是他诸葛亮唯一的知音了。令所有在场的人都非常感动，就连周瑜的夫人小乔也动摇了。人们对周瑜是不是诸葛亮气死的都产生了疑问，甚至认为周瑜之死是他自己心眼太窄造成的。诸葛亮为什么能取得这样的效果？那就是他真诚的态度。所以，我们在商场上，说话的态度一定要认真诚恳。只有认真诚恳，才能使人可信，只有使人相信，才能达到预期的效果。

因此说，真诚是古人推崇的一种人格境界，它要求人们真实无妄，诚实无欺。真诚是一种个人修养，也是一种道德行为。只有内心诚实，才能善待父母、善待朋友，进而维护更高层次的社会关系。社会生活实际上是建立在真诚的基础上的，真诚既是一个人的立身之本，也是一个集体、民族、国家的生存之基。诚实的人，才能心智清明，择善而从。"失信不立"是亘古不变的人生哲理。

中国有一句俗语"精诚所至，金石为开"，可以为这句话作注。这句话劝告人们，要以真诚待人，表里如一，不可虚伪。如果表面一套，心里一套，阳奉阴违，终究会露出马脚。就像《庄子》里所说,无论是"哭"是"怒"还是"亲",都不能勉强做出样子给别人看,真情实感要发自内心,这样才能打动人。

而在语言技巧方面,就更是讲究说话真诚了,真诚的语言,更能打动人。并且言语得体完全都是出于真诚,如果话说得恰到好处,不含虚假成分,难道能说不真实吗?然而真诚还有它另外一面,那就是避免过于客套,过分地粉饰雕琢,失去心理的纯真自然。绕弯过多,礼仪过分,反而给人"见外"的感觉,显得不够坦诚。

在与人交际的时候,谦逊礼让是完全必要的,然而不分对象、不分场合,一味地"请""对不起",未免有虚伪的嫌疑。比如说故人相聚,还过分客套,搞得别人难为情,这就不能说是真诚了。这里缺少点什么呢?缺少直率和坦诚!许多情况下,我们需要直抒胸臆的言语艺术,是怎么样,就怎么说,还事物以真面目。直言不讳,是待人接物很重要的语言技巧……

当然,在现实生活中,说起真诚,也许当你看到这两个字后,就会马上发出感慨——"我对别人真诚了,也没有看到别人对我多真诚。"不要太在乎别人对你的反映。越是在乎的多,做人办事就会觉得束手束脚。只要记住一条:自己问心无愧就好了。而且"路遥知马力,日久见人心",时间久了,大家自然就会在心里形成一个印象:这个人很真诚。让他办事放心。

日本有一位十分有名气的政治家叫田中义一,他极其善于利用人们的亲近心理,营造温馨的交际环境,来取得预期的交际效果。有一次,他到北海道进行政治游览,有位穿着考究看来很像当地知名人士的男子走出欢迎行列向他表示问候。田中义一急忙走上前去,紧紧握住那人的双手,十分热情地说道:"啊,您辛苦了。令尊还好吗?"那个男子感动得一时说不出话来。田中义一的政治游览,也因此大获成功。事后,田中义一的随从对他的亲密举动十分不解,忍不住问道:"那人是谁?"

田中义一的回答出人意料:"我怎么知道,但谁都有父亲吧!"

田中义一的交际成功,无疑在他选择了一个比较好的交际切入点,真诚地与这位男子迅速建立了亲情意识,使男子觉得他是一个值得信赖、真诚而又和蔼可亲的人,从而在心理上对田中义一产生了认同感。

 ## 善于表达你的真诚

在一家电器商店,一台音色清纯透亮,低音浑厚震撼力强的钢琴吸引了很多顾客的注意。而在这里的一位女售货员热情地迎上来,满脸职业微笑,主动介绍这种新产品。她的介绍很在行,很流畅,从性能优势到结构特点,从价格比,到售后服务,一一道来,边进行演示。然而她连珠炮似的讲解,使顾客总也插不上嘴,但是她不管你懂还是不懂,也不管你反应如何,喋喋不休地一直讲她自己的,似乎你不掏出钱包她就决不罢休。于是,大部分人心里有几分不悦了,特别是当她褒扬自己的品牌而贬低其他品牌时,都不免对她的动机产生了疑问:如此夸夸其谈后,产品性能是否果真高超……

其实,这也并不能不说这是一位训练有素且内行的推销员,但却又是一个不懂得说话奥妙的推销员。为什么他那滔滔不绝的介绍反而扑灭了顾客的购买欲望呢?这是值得深思的。

因为,一个人说话的魅力并不在于你说得多么流畅,滔滔不绝,而在于是否善于表达真诚!最能推销产品的人并不一定是口若悬河的人,而是善于表达真诚的人。当你用得体的话语表达出真诚时,你就赢得了对方的信任,建立起人际之间的信赖关系,对方也就可能由信赖你这个人而喜欢你说的话,进而喜欢你的产品了。

第六章 给自己的语言加点温度

当然,并不仅仅是推销员说话如此,就是日常说话也同样需要我们真诚。在我们的生活中,有很多人认为,滔滔不绝,一泻千里的说话就是流畅优美,但是,从某种意义上来讲,如果少诚意,那就失去了吸引力,如同一束没有生命力的绢花,很美丽但不鲜活动人,缺少魅力。因此,生活中的我们首先应想到的是如何把我们的真诚注入与人交谈的过程之中,如何把自己的心意传递给对方。只有当听者感受到你的诚意时,他才会打开心门,接收你要表达的内容,彼此之间才能实现沟通和共鸣。

真诚,是通往人们心灵的桥梁。要想使你说话和表达产生共鸣,需要来自你内心深处的声音,先要感动自己然后感动别人,不为说话而说话,应以倾诉内在心灵,以心灵的沟通为主要,即可动人以情,并产生强烈的共鸣。不要去追求华丽的词藻和假装的深沉。朴实无华的语言会显得格外的亲切,也就具备强大的感染力。别只顾擦亮自己的皮鞋,更应擦亮自己的语言,否则,人生将蒙上擦不去的尘埃,在不断锻炼的过程中,愈是质朴无华的语言,愈会散发迷人的光辉,随着多次的磨练,口才技巧终将炉火纯青。

说话真诚就能如实地达意,使听者感到舒适,产生美感,这样的说话就成了艺术,所以,请用真、善、美对待生活,用诚信、诚意对待朋友。将生命化作一个"诚"字,永远不与诺言搭轨,用"飞"一般的语言艺术,造就自己与社会,与朋友真诚的沟通。

真诚的沟通增进人与人之间的友谊,让生命如流星闪过天际般美妙,让生活像电影一样精彩。消除了朋友之间的误会,让友谊得以天长,可以地久。

有一位老师写了一本有关"思想政治工作方法"的书,出版社没有给他稿费,而是让他自行推销一千册作为报酬。对那位老师来说,这远比讲课要难得多。

为了把书推销出去,他在党校学员队里搞了一次演讲,他说:

"……当老师的在这里推销自己写的书，总不免有些尴尬。不过，如今作者也很难，写了书，还得卖书。出版社一下压给了我一千册，稿费一文没有，所以我不推销不行。这本书写得怎样，我自己不好评说。不过有两点可以保证：第一，这本书是我用三年时间完成的，是我心血的结晶；第二，书的内容决不是东拼西凑抄下来的，是我自己长期思考的见解。前不久，这本书被思想政治工作研究会评为社科类图书的二等奖，这是获奖证书。说实话，对于我们这些教书匠来说，搞推销比写书还难，只是硬着头皮来找大家帮忙。不过，买不买完全自愿，决不强迫。如果觉得这本书对你有用，你又有财力就买一本，算是帮我一个忙。谢谢。"

这位老师的演讲一下子产生了良好效果，一次就卖掉了300多册。这位老师不是专职的推销员，但是却获得了成功。从某种意义上说，他的成功在于他恰到好处地表达了自己的真诚，从而赢得了听众的信赖。这表明，在讲话中学会表达真诚要比单纯追求流畅和精彩更重要。

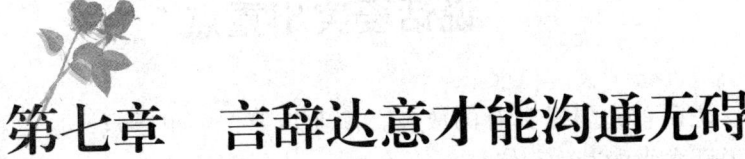

第七章　言辞达意才能沟通无碍

　　言辞达意是与他人进行交流的必需要素。只有把你的意愿、想法、态度用语言得体地表达出来，才能让别人明白、理解你的心意和想法，才能使沟通不受阻碍地进行下去，并取得良好的效果。相反，如果词不达意，就会出现让他人误解的情况，使交流无法顺利地进行，也就无法取得很好的效果了。

 说话要突出重点

说话首先要做到有的放矢,简明扼要,突出重点。这是提高说话水平的基本要求。

我们平常与人寒暄或作简短的交谈,一般都是比较随便的,谈不上条理清晰。但在正式场合,比如报告会、讲座、演讲等比较重要的讲话,情况就不一样了,这要求说话者对所说的内容有深刻的理解,并对整个说话过程作出周密的安排。一般来说,有这样几点要求:

(1)把握中心

说话不是照本宣科,难免带有水分,有时会插一些题外话,有时会发现已讲过的某个问题有点遗漏需要临时补充,这样就容易杂乱。作为一个高明的说话者,应时刻把主题牢记在心,不管怎样加插,不管转了多少个话题,都不偏离说话的中心。

(2)言之有序

说话不能靠材料堆积吸引人,而要靠内在的逻辑力量吸引人,这样才有深度。与写作相比,说话是口耳相传的语言活动,没有过多的时间让听众思考,所以逻辑关系要更为清晰、严密。话语的结构要求明了,善于提出问题、分析问题、解决问题。观点和材料的排列,要便于理解、记忆和思考,所以要较多地采用由近及远、由浅入深、由已知到未知的顺序安排。当然,时间顺序最好按过去、现在、未来进行安排,这样容易被听者记住。

(3)连贯一致

开场白非常重要,它直接影响到所讲内容的展开。不能一

开口就"嗯"地冒出一句让人摸不着边际的话；多层意思之间过渡要灵活自然；结尾要进行归纳，简明扼要地突出主题，加深听话者的印象。

（4）要言不烦

凡是与主题无关的废话，言之无物的空话，装腔作势的假话，听众都极为厌烦。

马克·吐温曾经说过，有一次他去听一位牧师传教，开始很有好感，准备捐献身上所有的钱。过了一小时，他听得厌烦，决定留下整钱，只捐些零钱。又过了半小时，他决定分文不给。等到牧师说完了，他不仅不给，还从捐款的盘子中拿出两元钱作为时间的补偿。

这是对说话冗长者的绝妙讽刺。所以说话中应当注意在句式变化的同时，多用短句少用长句。长句能够表达缜密的思想，委婉的感情，能够造成一定的说话气势。但是其结构比较复杂，句子长，如果停顿等处理不好，不但说话者觉得吃力，就是听话者听起来也不易理解。而短句的表达效果简洁、明快、活泼、有力。由于活泼明快，就可以干脆地叙述事情；由于简洁有力，就可以表达紧张、激动的情绪，坚定的意志和肯定的语气。因此在运用上，易说易听短句更适合于在交谈、辩论、演讲等重要场合的说话中使用。

语言要条理清晰

条理清晰、有条不紊的谈话，可给人以稳重之感。比如说，优秀的推销员几乎都不是快嘴快舌之才。这倒不是因为他们反应迟钝，不善辞令，而正好相反，他们机敏过人，能说善道。但他们清楚地知道，推销商品并不光是能言善辩就可胜任的。

比如，一味地吹嘘"这种商品不错"，顾客只会对这种大肆鼓吹报之以疑惑和戒备；然而，当推销员慢条斯理、一板一眼地陈述商品的性能并动手操作，顾客就会因其所表现出的诚实而对他报以信任。

人际交往也是如此。特别是在语言沟通中，如果只顾快嘴快舌，就无法产生好的效果。有人认为，口齿伶俐，可以在短时间传播大量的信息，但却没有想到信息的价值是由讲话者能否给对方以信赖感所决定的。一味地抢速度，只能使对方感到你的轻浮，进而对你提供的信息产生怀疑。这样，即便你提供的信息再多，也不能为人们所接受，也就没有什么意义了。因此，与人交谈时，应注意纠正语调生硬、语速太快的习惯，做到委婉平缓，简洁明了，条理清晰，动人心弦。这是好口才的基本要求。

要做到说话有条不紊，不妨试试以下几个办法：

（1）要有充分的准备

如果你在讲话时对所要讲的内容没有认真考虑过，你肯定会感到无话可说，即使说起来也不会流畅自如。因此，必须在讲话之前有充分的准备，或者写成提纲，或者默诵、试讲。你对讲话的内容愈熟悉，你就愈能讲得好，愈不会信口开河，无的放矢。

（2）勇于勤讲多练

善于言辞的才能并不是天生的，而是在环境的影响下，通过个人的实际锻炼逐步发展的。因此，我们要克服害羞胆怯的心理，在生人面前或人多的场合，要争取讲话的机会，勇敢地发表自己的意见。虽然开始时不一定会成功，甚至会遭到别人笑话，但不要介意，要认真分析自己讲话失败的原因，勤讲多练，不断改进，这样才能不断提高自己说话的水平。

说话时的有条不紊，来源于思路的明确清晰和心理素质的不急不躁。

 语言要尽量简洁

提高语言表达能力,学会简洁是必过的一关。

语言简洁是以最经济的语言手段,输出最大的信息量。在社交活动中,简洁的语言常常比繁杂冗长的话题更吸引人。它体现出说话人分析问题的快捷和深刻,是其认识能力和思维能力高超的表现;它能使听者在较短的时间内获得较多的有用信息,有助于博得对方的好感;它是说话人果敢、决断的性格表现。自信心强、办事果敢的人,其语言是简洁精炼的。这一语言风格也是时代风貌的反映,现代化社会节奏快、时间观念强,说话简洁会给人一种生气勃勃的现代人的感觉,尤其为人推崇。所以我们要努力培养自己简洁精炼的言语风格。

"言不在多,达意则灵。"无论在什么场合,讲话要语不厌精,字字珠玑,简练有力,使人不减兴味。冗词赘语,唠叨罗嗦,不得要领,必令人生厌。

在社交生活中,要想收到良好的效果,社交的语言要简洁、精练,使听者在较短的时间里获取较多有用的信息。反之,空话连篇,言之无物,必然误人时光。语言还要力求通俗、易懂,如果不顾听者的接受能力,用文绉绉、艰涩难懂的语言,往往既不亲切,又使对方难以接受,结果事与愿违。当前,公众对某些领导部门开长会的不良作风很有看法,还送其一个雅号为"马拉松会议"。开会前议题不明确,开会时中心不突出,议论问题不着边际,仿佛不长篇大论就显示不了水平似的。这样的会议效果极差!

不少演讲大师惜语如金,言简意赅,留下珍贵的篇章,成

为"善辩兼寡言"的典型。

最短的总统就职演说,首推1793年华盛顿的演说,仅135个字。

林肯著名的葛底斯堡演说只有十个句子,他的演讲重点突出,一气呵成。

1984年7月17日,57岁的法国新总理洛朗·法比尤斯发表的演说,更是短得出奇,演讲词只有两句:"新政府的任务是国家现代化,团结法国人民。为此要求大家保持平静和表现出决心,谢谢大家。"措辞委婉,内容精辟。

上述这些演讲大师驾驭语言的功力都是非凡的。林肯的演讲词仅600字,从上台到下台还不到3分钟,却赢得了15000名听众经久不息的掌声,并轰动了全国。当时报纸评论说:"这篇短小精悍的演说是无价之宝,感情深厚,思想集中,措辞精练,字字句句都很朴实、优雅、行文完美无疵,完全出乎人们的意料。"

注意精心用字遣词

说话需要注意遣词,恰当的用字,不仅可以准确地表现自己的意思,而且能够起到感染听者的效果。马克·吐温说:"恰当地用字极具威力,每当我们用对了字眼……我们的精神和肉体都会有很大的转变,就在电光石火之间。"当我们所说的话用对了字眼就能叫人笑、治疗人的心病、带给人希望,然而若是用错了字眼就会使人哭,刺伤人的心,带给人失望。同样地,借着所用的"字眼"可以让别人了解我们崇高的心志和由衷的愿望。

历史上许多伟大人物就是因为善于运用字眼的力量,大大地激励了当时的人们,决心跟随着这些伟大的人物,结果塑造出今天的世界。的确，用对了字眼不仅能打动人心，同时更能带出行动，而行动的结果便展现出另一种人生。当帕特里克·亨利站在十三州代表之前慷慨激昂地说道："我不知道其他的人要怎么做，但就我而言，'不自由毋宁死。'"这句话激发了几代美国人的决心，誓要推翻长久以来骑在他们头上的苛政，结果造成燎原之火，美利坚合众国由此诞生。

美国一位伟人演讲道："当我们今天得以享受到充分的自由时不要忘了独立宣言，虽然那没有几句话，却是二百多年来所给予我们每个人的保障。同样地，当我们这些年致力于种族平等时，不要忘了那也是因为某些字眼的组合而激发出来的行动所致，请问谁能忘记美国马丁·路德·金博士打动人心的那一次演讲，他说道：'我有一个梦，期望有一天这个国家能真地站立起来，信守它立国的原则和精神……"

当然，话语的影响力并不只限于美国，第二次世界大战期间，英国正处于风雨飘摇之际，有一个人的话激起了英国全民抵抗纳粹的决心，结果他们以无比的勇气挺过了最艰苦的时刻，打破了希特勒部队所向无敌的神话，那个人就是已故英国政治家丘吉尔。许多人都知道人类的历史就是由那些具有威力的话所写成的，然而却鲜有人知道那些伟人所拥有的语言力量却也能够在我们的身上找到，这能改变我们的情绪、振奋意志，乃至于有胆量敢于面对一切的挑战，使人生过得丰富。

生活中时时选择使用积极性的字眼，能够振奋我们的情绪，反之，若是选择使用了消极的字眼，就必然很快地使我们自暴自弃，遗憾的是我们经常不留意所用的字眼，以致错失唾手可得的大好机会。因此我们务必要重视使用字眼的重要性。这做起来并不难，只要你能聪明而用心地选择便行了。

我们在跟别人说话时常常用字十分谨慎，然而却不留意自己习惯用的字眼，殊不知我们所用的字眼会深深影响我们的情绪，也会影响我们的感受。因此，如果我们不能好好掌握怎样用字，如果我们随着以往的习惯继续不加选择地用字，很可能就会扭曲所历经的事实。譬如说，当你要形容一件很了不起的成就时，用的字眼是"不错的成就"，那对你的情绪就很难造成兴奋的感觉。这全是因为你用了具有局限性的字眼所致。一个人若是只拥有有限的词汇，那么他就只能体验有限的情绪，反之若是他拥有丰富的词汇，那就有如手中握着一个可以调出多种颜色的调色盘，可以尽情来挥洒你的人生经验，不仅为别人，更可以为自己。

说好你的结束语

同陌生人交谈，说好第一句话固然重要，但是你也不能忽视告别语的作用。如果说开头第一句话是一份美味的开胃水果，那么结束语就是一杯香浓的咖啡，让人回味无穷。

在与陌生人结束交谈时，要努力设计能给对方留下深刻印象的告别语。如果只是简单的一句"再见"，未免太枯燥、乏味，可能第二天对方就会忘记你。

和陌生人结束交谈时，有哪些比较好的结束语呢？

1. 关照式收尾

这种收尾方式，是交谈双方说完了自己的思想、意见或流露了某些内心意向之后，觉得有些话带有一定的范围性、对象性、保密性，不便于传播给他人，因此在结束交谈时要对此特别关照。

譬如：

"刚才我讲的一些话，是一些不成熟的看法，别人听说了难免会见笑，所以还是你知我知就好了，不要传出去，以免引起麻烦……"

"小王,我要讲的都讲了,全是心里话。你千万不要告诉别人。"

这种关照式收尾,能引起对方的注意,起到强调重点,防患于未然的作用。

2. 征询式收尾

交谈完之后,可以根据交谈目的,向对方征求意见、要求、忠告、劝诫等等。

譬如:

"通过这次谈话,你应该对我有一定的了解吧,你觉得我最糟糕的'毛病'是什么?希望你下次开诚布公地提出来。"

"张小姐,我没有什么恋爱经验,第一次约会有一点紧张,有什么需要注意和改进的地方,希望你能讲出来。"

当你与陌生下属交谈工作结束时,你应该说:"你还有别的什么要求和意见吗?""你生活上还有困难和要求吗?我将全力帮你解决……"

征询式的收尾往往给人谦逊大度、仔细周到和稳重老成的印象。对方听到之后,会有一种受尊重,倍感亲切的感觉,有利于你们之间保持融洽的关系。

3. 感谢式收尾

感谢式的收尾方式具有较强的礼节性,它的基本特征是用讲"客气话"作为交谈的结束语。这样的结束方式应用非常广泛,无论是上下级之间还是同事、邻舍之间都是适宜的。

譬如:

"听君一席话,胜读十年书。"

"谢谢你的指点,我会不断努力的。"

"能和您交谈,我很荣幸。"

"谢谢你陪我度过一个美妙的下午。"

4. 祝愿式收尾

这种收尾方式不仅具有较强的礼节性，还具有极大的鼓动力。

譬如：

"再见，一帆风顺！"

"让我们一起努力吧，成为绝代双骄！"

"你一定能成功，一定能实现你的梦想！"

5. 邀请式收尾

邀请式收尾的基本特征是运用社交手段向对方发出礼节性邀请，这样充分表现了你的友善和热情。

譬如：

"如果您下次来上海，请到我们家来做客。"

"今天我们就谈到这里吧，以后有时间来我家玩吧。"

"下次有机会，我们一起去云南旅游啊。"

邀请式的收尾语在社交场合是必不可少的，这样的结束语是一种建立友谊的表示，会赢得陌生人的赞同。

与陌生人交谈时，结束语的表达方法多种多样，不必拘泥于某一种方式。不过，要力求做到得体、有趣，而且余韵犹存，感人至深。

 ## 让谈话留有余韵

与陌生人谈话是有技巧的。擅长谈话技巧的人，能够利用言语使对方产生好感。要想做到这一点，就必须眼界放得远些，谈话内容不妨从大事着手，注意速度的平顺流畅，使对方不由

自主地受到吸引。

初次的会面如果让对方回味无穷,自然就盼望有第二次的见面,这就是人际交往的最高境界。然而怎样才能做到这一点呢?最重要的就是善于制造余韵无穷的谈话,让对方在离去后仍旧不断咀嚼这次谈话。

一般来说,谈话的话题应该视对方的情形而定,再好的话题,若不能符合对方的需要,就无法引起对方的兴趣。最好是想办法引出两人都感兴趣的话题,才能聊得投机,然后再设法慢慢地把话题引进自己所要谈论的范围内。

1986年10月15日,《北京日报》报道了中共中央顾问委员会主任邓小平会见英国女王伊丽莎白二世和她的丈夫爱丁堡公爵菲利普亲王的消息:

在亲切友好的会见中,邓小平谈笑风生。他说:"这几天北京的天气很好,这也是对贵宾的欢迎。当然,北京的天气比较干燥,要是能'借'一点儿伦敦的雾,就更好了。我小时候就听说伦敦有雾,在巴黎时,听说登上巴黎铁塔,就可以望得见伦敦的雾。我曾登上过两次,可是很不巧,天气都不好,没有看到伦敦的雾。"

爱丁堡公爵说:"伦敦的雾是工业革命时的产物,现在没有了。"

邓小平风趣地说:"那么,'借'你们的雾就更困难了。"

公爵说:"可以'借'点儿雨给你们,雨比雾好。你们可以'借'点儿阳光给我们。"

在这段对话中,双方都在谈"天气",谈"雾",谈"雨",谈"阳光",这是极标准的"寒暄"了吧?但是从这寒暄之中,双方已开始联络感情,为进一步会谈打下良好的基础。爱丁堡公爵说"伦敦的雾是工业革命时的产物,现在没有了",言语间流露出英国工业历史悠久而且环境治理成效显著的自豪感,而"借"雾、"借"雨、"借"阳光之类的言辞,也委婉而巧妙地传达着双方有着互助互利、友好合作的诚意。要这样聊天，谁能说不值得回味呢？

要让谈话留有余韵，必须使用优美的言词，假如为了加强印象，故意讲些粗鲁的话，则反而会增加对方的不愉快，弄巧成拙。所以为了使对方对你产生好感，必须言语和善，讲话前先斟酌思量，不要脱口说出伤人的话，破坏周围的人际关系。

只要你善于讲话，使人回味无穷，你的魅力就展现了出来，陌生人也在不知不觉间被你吸引，成为你的朋友。就这样，你的朋友一天多过一天，你就可以尽情享受朋友给予你的一切。

 ## 措词要因人而异

我们在与人交往的时候，如果所讲的事情能够带来心灵的变化，那么，其结果也将改变人际关系。

听了这话，或许你会反驳说："难道所讲的事情都必须是好事？""难道跟每个人说话都一定要很客气吗？"其实，有这种想法是过于单纯。你所讲的事情与你讲话的方法，应该视与对方的交情深浅而变化着。这也是语言的技巧问题。

有关措词的使用，对于上级或不太亲近的人，要用敬语，对小孩就用对待小孩的语言。

也就是说，如果对任何一种人都用同样的措词，同样的口气说话，人家岂不会认为你这个人有毛病？也可能你在使用敬语时，对方会说"竟然提到那样的事，这还算是朋友吗？"或是"千万别说那种见外的话，我们交往了多年，应该说是好朋友了。"这就是你的措词不当造成的。

因此，正确的措词和表达方式，是依靠彼此心理的亲疏而定的。不管何时，如果对任何人都以同样的方式进行交谈，总有地方会发生矛盾，重要的是在交谈前就要分清楚。轻浮而善于逢迎的人多失败在这上头。

是否能正确地衡量他人与自己的关系，这是各人的教养，这也是为什么有教养的人说起话来总让人感到如沐春风的关键所在。

 ## 说话要情理通融

有情有理，一方面显示说话者坦诚的态度；另一方面又尊重对方，并为对方着想。这样就使双方易于沟通，扩大了双方的共识，促使合作成功。

在说服对手时，用入情入理的说服技巧，容易招人喜欢，被人接纳。

松下电器公司还是一家乡下小工厂时，作为公司老板的松下幸之助总是亲自出马推销产品。松下幸之助在碰到杀价高手时，他就说："我的工厂是家小厂。炎炎夏天，工人在炽热的铁板上加工制作产品。大家汗流浃背，却努力工作，好不容易制出了产品，依照正常利润的计算方法，应当是每件××元承购。"

对手一直盯着他的脸，听他叙述，听完之后，展颜一笑说："哎呀，我可服你了，卖方在讨价还价的时候，总会说出种种不同的话，但是你说得很不一样，句句都在情理之上。好吧，我就照你说的买下来好啦。"

松下幸之助的成功，首先在于他真诚的态度。他强调自己是依照正常的利润计算方法确定价格的，自己并无贪图非分之财之意，他也同时暗示对方无讨价还价的余地。这就使对方调整角度，与其达成共识。

松下幸之助的语言充满情感，他描绘了工人劳作的艰辛，创业的艰难，劳动的不易，语言朴素、形象、生动，语气真挚、自然，唤起了对方的切肤之感和深切同情。

正如对方所说的，松下幸之助的话"句句都在情理之上"，对方接受自在情理之中。

有一家大型公司的总经理要租用一家旅馆大礼堂开一个经销商会议。刚要开会，对方通知他要付比原来高三倍的租金。没办法，总经理去找旅馆主管交涉。他说了下面这番话：

"我接到您的通知时，有点震惊。不过这不怪您，假如我处在您的地位，也许也会写出同样的通知。您是这家旅馆的经理，您的责任是让旅馆尽可能多赢利。您不这么做的话，您的经理职位难以保住。假如您坚持增加租金，那么让我们来合计一下，这样对您有利还是不利。先讲有利的一面，大礼堂不出租给开会者而出租给举办舞会、晚会的，那您可以获大利了。因为举行这一类活动的时间不很长，他们能一次付出很高的租金，比我的租金当然要多得多。租给我，显然您是吃大亏了。现在，再考虑一下'不利'的一面。首先，您增加我的租金，反而降低了收入。因为实际上等于您把我撵跑了。由于我付不起您所要的租金，我势必再找别的地方举办会议。还有一件对您不利的事：这个会议的参加者来自全国各地，他们的社会地位、文化教养、受过的教育都在中等以上。这些人到旅馆来开会，对您来说，这难道不是起了不花钱的活广告的作用吗？事实上，假如您花5千元钱在报刊上登广告，您也不可能邀请这些人亲自到您的旅馆参观。可我的会议为您邀请来了。这难道不合算？请仔细考虑后再答复我。"

如此入情入理的恳谈，任何人都无法拒绝。最后，旅馆经理向那位总经理让步了。这位具有出色口才的公司总经理为人们上了一堂生动的口才课。

真正站在对方的立场上，为对方着想，并全面分析双方的利弊得失，说话真诚，语气亲切随和，不卑不亢，入情入理，这是成功地说服对方的真谛之所在。

 ## 注意语言的选择

俗话说："酒逢知己千杯少，话不投机半句多。"这句话告诉我们，如何去博得顾客的欢心，语言的选择可说是至关重要，缺之不可。

1）边考虑对方的立场边选择你所要讲的话

语言可以沟通人们之间的想法，也能伤害对方的自尊心，说话的一方往往觉得无所谓，但是，往往因自己用词不当刺伤了对方的自尊心，进而使双方关系恶化。上述情况在我们日常生活中经常发生。说话的一方虽无恶意，但对方却有受侮辱、被讽刺和被取笑的感觉，这主要是因为说话的一方在说话时欠考虑，没有注意到措辞，上述情况对于推销人员来说尤其重要。当对方说话之前，一定要自始至终做好应对的准备："我要怎么说才能不伤害对方的自尊心呢？"

例如：您到一家商店访问，当时这家商店没有顾客上门，在这种情况下如果开玩笑说："哎呀？怎么安静得好像是要倒闭似的。"或是："这里闹过鬼了吧？怎么一个活人也看不见？"虽说是开玩笑，但对方听起来就会很不舒服，言下之意是您要他的店早点关门，那人家怎么喜欢你呢？

这时候，您最好说："难得有空呀？依我看下午顾客就会很多吧，到时候有您忙的！"如果你是上午去的，然后一边说一边看看对方的反应如何。

不仅对客户、对顾客、对不熟悉的人要如此，即使对朋友说话也要注意，譬如觉得对方脸色不好就说：

"怎么看起来像个死人?"

如果对方身体没有毛病,精神也很好,一听这话就会感到不舒服,尽管是关心他及出于善意,但效果却恰恰相反,对方心里也许会琢磨:

"这家伙真不是东西,想盼我早死啊?"

在这种场合你可以先说:

"您好吗?近来身体怎么样?"

对方如果不回答说"很好,托您的福",而是说"最近身体不大舒服"时,你可以说:

"要好好保重……"

这才是会体谅人的说法。所以必须学会考虑对方的处境,不要有站在自己的立场上信口开河的坏习惯。

2)不要伤害对方的自尊心

顾客当中什么人都有,有的很任性,有的性子急,有的爱发脾气,有的说话带口头禅。作为一名推销人员,要和各种各样的人打交道,如果老是用自己所固定的那种调子谈话,就无法和所有的人谈得来,弄得不好,还会遭到对方的"白眼",有的是还没进入商谈阶段就已被对方拒绝了。

面对上述情况,要不断地检查自己的言辞并及时地作出决定;在冷场之前就迅速地转换话题,以便使会谈顺利地进行下去。在聊天时,有时因讲了些有趣的话而使对方捧腹大笑,可是一旦进入商业谈判则往往会急转直下,双方也会激烈地争论起来。因此不管在什么场合都不允许自己失言或失态。如果失去控制或出言伤人,把对方给惹恼了,对方就会从此拒绝跟你往来。

为此,优秀的推销员在和客户商谈时,一定会绞尽脑汁地选择用语。不过讲话时过于恭敬或乱用警语也不行,要用通俗易懂、诚实且令人感到亲切的语言,只有这样才能取得成功。这些看上去好像很难,其实只要有心,谁都能做到,只要多练习就能够具有和任何顾客都能打交道的能力。

另外，学会了上述方法并成为习惯，不仅对客户，而且对上司、对同事讲话时也同样有用。这里再提醒一次，谈话时，请注意措辞，千万不要伤害对方，切记啊！

 ## 适时适度地提出问题

在倾听过程中，恰当地提出问题，往往有助于我们的相互沟通。我们沟通的目的是为了获得信息，是为了知道彼此在想什么，要做什么，通过提问的内容可获得信息，同时也从对方回答的内容、方式、态度、情绪等其他方面获得信息。下面是有关提问的一些问题。

第一，倾听中的提问应注意的事项。

①数量要少而精，太多的问题会打断讲话的思路和情绪，改变谈话的主题。但恰当的提问往往有助于双方的交流。因此，掌握提问的时机和度是至关重要的。

②要紧紧围绕谈话内容，不应漫无边际提一些随意而不相关的问题。这很容易分散谈话者的注意力，导致交流的中断。

第二，提问应掌握的一些必要的技巧。

倾听中的提问不是随便的，注意和掌握必要的技巧会使你的提问事半功倍。

①理解。作为管理者，设身处地地理解别人，是必备素质之一，以理解的态度交谈，就能认真倾听，就能诚恳而准确地提出一些双方都能接受的问题，从而更有利于双方的沟通。

②时机。倾听中提问的时机十分重要，交谈中遇到某种问题未能理解，应待双方充分表达的基础上再提出问题。过早提问会打断对方思路，而且显得十分不礼貌；过晚提问会被认为精神不集中或未能理解，也会产生误解。

③提问内容。提问就是为了获得某种信息,要在倾听者总目标的控制掌握下,把讲话人的讲话引入自己需要的信息范围。

④注意提问的速度。提问时话说得太急,容易使对方感到咄咄逼人,引起负效应;说得太慢,对方心里着急,不耐烦。

第三,提问的分类。

美国沟通专家把提问分为两种方式:一种为开放式提问方式,回答这种提问,不能用简单的"是"或"不是"来回答,回答结果一般无法预料。例如:

甲:"我对公司本月销售额很不满意!"

乙:"为什么?"

另一种为闭合式提问方式,经常提问是否,是谁,什么时候等问题,其结果往往可控制,与预期结果相近。

倾听中,两种方式是相互运用的。其作用各有千秋,开放式提问气氛缓和,可自由应答,可以作为谈话中的调节手段,松弛一下神经,另外,可用开放式问题作为正式谈话的准备,如"最近怎样?"然后很快开始实质问题的交谈。比较来说,闭合式的提问使用机会更多,其优点是可以控制谈话及辩论的方向,同时可以引导和掌握对方的思路。但运用不当会使人为难,气氛容易紧张。两种方式应综合运用,以求得最佳效果。使用何种提问方式要因地因时制宜,这也需要很高的艺术和技巧。

 善于运用字眼的力量

用对了字眼不仅能打动人心,同时更能带出行动,而行动的结果便展现出另一种人生。

当我们所说的话用对了字眼就能叫人笑,治疗人的心病,带给人希望,然而若是用错了字眼就会使人哭,刺伤人的心,带给人失望。同样地,借着所用的"字眼"可以让别人了解我们崇高的心志和由衷的愿望。

马克·吐温说:"恰当地用字极具威力,每当我们用对了字眼……我们的精神和肉体都会有很大的转变,就在电光石火之间。"

历史上许多伟大人物就是因为善于运用字眼的力量,大大地激励了当时的人们,他们跟随着这些伟大的人物,塑造出今天的世界。的确,用对了字眼不仅能打动人心,同时更能带出行动,而行动的结果更展现出另一种人生。当美国的帕特里克·亨利站在13个州代表之前慷慨激昂地说道:"我不知道其他的人要怎么做,但就我而言,不自由毋宁死。"这句话激发了几代美国人的决心,誓要推翻长久以来骑在他们头上的苛政,最终建立了美利坚合众国。

许多人都知道人类的历史就是由那些具有威力的话所写成的,然而却很少有人意识到那些伟人所拥有的语言力量却也能够在我们的身上找到,这能改变我们的情绪、振奋意志乃至于有胆量敢于面对一切的挑战,使人生过得丰富多彩。

生活中时时选择使用积极性的字眼,最能振奋我们的情绪,反之,若是选择使用了消极的字眼,就必然很快地使我们自暴自弃。遗憾的是我们经常不留意所用的字眼,以致错失垂手可得的大好机会。因此我们务必要重视使用字眼的重要性,这做起来并不难,只要你能聪明而用心地选择便行了。

我们在跟别人说话时常常用字十分谨慎,然而却不留意自己习惯用的字眼,殊不知我们所用的字眼会深深影响我们的情绪,也会影响我们的感受。因此如果我们不能好好掌握怎样用字,如果我们随着以往的习惯继续不加选择地用字,很可能就会扭曲所历经的事实。譬如说,当你要形容一件很了不起的成就时,用的字眼是"不错的"成就,那对你的情绪就很难造成兴奋的感觉。这全是因为你用了具有局限性的字眼所致。一个人若是只拥有有限的词汇，那么他就只能体验有限的情绪，反之若是他拥有丰富的词汇，那就有如手中握着一个可以调出多种颜色的调色盘，可以尽情来挥洒你的人生经验，不仅为别人，更可以为自己。

在此我们再举一个著名的例子，那是发生在美国一家全国性的卡车服务公司的事，他们只不过改了一个字眼就大大地提升了他们的工作品质。那家公司的管理阶层发现他们所送的货物中有万分之六会送错地方，这使得公司每年得额外赔上25万美元的损失，为此公司特别聘请了戴明博士去给他们诊疗一番。根据戴明博士的观察，发现这些送错的案子中有五六成是因为该公司的司机看错送货契约所致。为了能一劳永逸地消除这样的错误，而使该公司能做好服务品质，戴明博士建议最好把这些工人或司机的头衔改为技术员。

一开始公司觉得戴明博士的建议有些奇怪，难道把职位头衔改一改就能把问题解决？难道就做这么一个简单的动作便可以了？可是没有多久绩效就出现了，当那些司机的头衔改为技术员之后不到30天，先前万分之六的送错率一下子便下降到了万分之一以下，也就是说从此那家公司一年可以节省25万美元。

这个例子说明了一个基本的事实，字眼的转换不管是用在个人身上或企业整体上都有相同的效果。

第八章 把自己的口才变成一门艺术

优秀的口才是说话的关键。但优秀的口才并不是天生的，它需要经过基本训练，才能做到口齿清晰、语速适度、逻辑清晰、声情并貌。因此，要想口绽莲花，在社交中迅速赢得好人缘，就需要好口才的基本功，进一步完善口才技术，提高口才水平，把自己的口才变成一门艺术。

 说话要善用语气

说话都离不开语气。在一句话中,不但有遣词造句的问题,而且有用怎样的语气表达,说话才准确、鲜明、生动的问题。

抗日战争时期,文学大师郭沫若在台下观看自己创作的五幕历史剧《屈原》的演出,他听到婵娟痛斥宋玉:"宋玉,我特别恨你,你辜负了先生的教训,你是没有骨气的文人!"

郭老听后,感到"你是没有骨气的文人"这句话,骂得还不够分量,就走到后台去找"婵娟"商量。"你看,在'没有骨气的'后面加上'无耻的'三个字,是不是分量会重些?"

这时,正在一旁化妆垂钓者的演员张逸生,灵机一动,插了话:"不如把'你是'改为'你这','你这没有骨气的文人',这多够味,多么有力!"

郭老拍手叫绝,连称:"好!好!"

这一字之改,不仅使原来的陈述句变为坚决的判断句,而且使语言有强烈的感情色彩,语气也更加有力,婵娟的愤怒之情溢于言表。一个人只要驾驭了语气,就能够出口成章。这种当今社会最值得推崇的口才能力就显现了驾驭语气的功力。要达到驾驭语气的基本要求,以下三点建议可供参考。

(1)掌握语气的特点

语气包含思想感情、声音形式两方面内容,而思想感情、声音形式又都是以语句为基本单位的。因此,语气的概念又表述为具体思想感情支配下的语句的声音形式。语音作为语言的物质外壳,是语气表达所必须依据的支持物。语言有表意、表情、表志的作用,语气相应也分为这三种:

①表意语气

表意语气指的是向对方传递某种信息。如陈述、疑问、祈求、命令、感叹、催促、建议、商量、呼应等。这种语气词或独立成小句，或用于小句末，或用于整个句子末尾。指明事实，提请对方注意，用"啊、呢、咯、嗯"等；催促、请求用"啊、吧"；质问、责备用"吗"，如与副词"难道"搭配，语气更为强烈；说理一般用"嘛"和"呗"；招呼、应呼用"喂"；揣测用"吧"。

②表情语气

表情语气是谈话中表现的感情。如赞叹、惊讶、不满、兴奋、轻松、讽刺、呵斥、警告等。赞叹用"呵、啧"，句中常用"多"字搭配；惊讶用叹词"啊、哎、哟、咦"；叹息用"唉"；制止、警告用"嘘、啊"；醒悟用"哦"；鄙视用"呸"，等等。

③表志语气

表志语气就是对自己的说话内容表示某种态度。如肯定、不肯定、否定、强调、委婉、和缓等。肯定用"得了（是）……的"；缓和用"啊、吧"，语气显得平淡，不生硬；夸张用"呢、着呢"。

（2）改变不良的习惯语势

语言是人际交往的桥梁。正因为有了语言，才丰富了人的社会化的内容，扩大了社会化的范围，加速了社会化的进程。但是，应该看到，人在社会化的过程中，由于受社会、家庭和个人的某种语言习惯的影响，形成了每个人的独特的习惯语势，因此要尽早克服那些不符合语气要求的习惯语势。有的人讲话声音变化很大，总是一开口声音很高、很强，到后来越说越低、越弱，句尾的几个字几乎听不到。这种头重脚轻的语势使语意念混，容易造成听话人的疲劳感。有的人讲话，总是带有一种"官腔"，任意拖长音，声音下滑，造成某种命令、指示的意味。有的人讲话，则喜欢在句尾几个字上用力，使最末一个字短促，语力足，给人以强烈感、武断感，容易让人不舒服。把握语气主要是做到句首的起点要参差不一，句腹的流动要起伏不定，句尾的落点要错落有致，这样就能使语气千姿百态，丰富多彩。正确地运用语势，就会对每句话的表达从语意上给以具体把握。这种把握是驾驭语气的基本内容。

（3）根据不同场合调整语气

要取得良好的效果，有声语言的表达，必须考虑场合、对象、时机等因素，要根据不同场合、不同时机、不同环境和不同对象的语言交流特点，灵活恰当地运用语气的多种形式，做到适时而发。

①因地而异

把握语气要注意说话的场合，这是十分必要的。一般来说，场面越大，越要注意适当提高声音，放慢语速，把握语势上扬的幅度，以突出重点。相反，场面越小，越要注意适当降低声音，适当紧凑词语密度，并把握语势的下降趋向，追求自然。场合不同，应运用不同的语气。在谈话的场合和演讲的场合、论辩的场合和对话的场合、严肃的场合和轻松的场合、安静的场合和嘈杂的场合等，都要根据情况使用不同的语气。

②因时而异

同样一句话，在不同时候说，效果往往大相径庭。抓住时机，恰到好处，运用适当的语气，才会产生正确有效的效果。

③因人而异

驾驭语气最重要的一条是语气因人而异。语气能够影响听话者的情绪和精神状态。语气适应于听话者，才能同向引发，如，是喜悦的会引发出对方的喜悦之情，是愤怒的会引发出对方的愤怒之意；语气不适应于听话者，则会异向引发，如生硬的语气会引发出对方的不悦之感，埋怨的语气会引发出对方的满腹牢骚等。判断说话语气的依据是一个人内心的潜意识。语气是有声语言的最重要的表达技巧。掌握了丰富、贴切的语气，才能使我们的思想感情处于运动状态,不时对通话人产生正效应,从而赢得交际的成功。

 ## 恰当地运用语调

语调,是指整句话和整句话中某个语言片断在语音上的抑扬顿挫,包括声音的高低变化、说话长短和停顿以及音量的轻重等。在日常谈话中,语调往往能传递很多的信息,传达说话人的感情,能对听众的心理产生极其微妙的特殊作用。恰当的运用语调,能使谈话更加吸引人。

有时候,即使语言不通,人们却能从语调中理解对方的情感,感受对方的心情。

摩契斯卡夫人是波兰的一位明星,一次她到美国演出时,有位观众请求她用波兰语讲台词。于是她站起来,开始用流畅的波兰语念台词。观众们虽然听不懂波兰语,不了解台词的意思,但是他们却觉得听起来令人非常愉快。

渐渐的,摩契斯卡夫人的语调转为低沉,最后在慷慨激昂、悲怆万分时戛然而止。此时,台下的观众鸦雀无声,同她一起沉浸在悲伤的情绪之中。在这一片寂静中,台下却传来一个男人的笑声,他就是摩契斯卡夫人的丈夫——因为他的夫人刚刚用波兰语背诵的是九九乘法表!

由此我们可以看出,语调竟然能产生如此巨大的魔力。即使不明白语言的意思,也可以使人感动,甚至可以完全控制对方的情绪,让人们随着它的激情高昂而精神振奋,随着它的低沉悲怆而难过伤心。

人的声音是个性的表达,是一种内在的剖白。因此,声音能透露出畏惧、犹豫、冷漠,也可以透露出喜悦、果断、热情。

希腊哲学家苏格拉底说:"请开口说话,我才能看清你。"这正是"言为心声",语言可以表露一个人的心理。

灵活巧妙的变化语调,能为你的语言锦上添花。在表示疑问的时候,可以稍微提高句尾的声音;要重点强调的时候,声音的起伏可以更大些;表现强烈的感情时,可以把调子降低或逐渐提高。

那么,怎样才能使语调更生动,使你的语言更有说服力呢?第一个原则是要掌握有特色的各种句调。

句调是指一句话中声音的高低变化,这是语调中主要的内容。句调可分升调、降调、曲调、平调四种。升、降、曲、平四调,各具特色。熟练掌握各种句调的特点,才能灵活表达出各种句调。

1. 升调

升调的特点是前低后高,整个句子的后半句声调明显升高,句末音节比较高亢。当人们在提出问题、感情激动、情绪亢奋、发号施令、宣传鼓动等情况下会用升调。

2. 降调

降调的特点和升调相反,降调时声音先高后低,声调逐渐降低,句末音节短而低。降调是日常交际中运用最广泛的一种语调变化,它多用于情绪平稳的陈述句、感情强烈的感叹句、表达愿望的祈使句等。

3. 曲调

表达复杂的情绪或隐晦的感情时,人们往往用曲调。曲调顾名思义就是句调不断由高转低,自低升高,或由低转高,再降低。运用曲调可以充分表达语义双关、言外有意、幽默含蓄、讽刺嘲笑、夸张等情景。

4. 平调

当人们表达庄重严肃、冷淡漠然、思索回忆、踌躇不决等情绪时，常常运用平调。平调的语言句调变化不大，比较平稳、舒缓。

第二个原则是灵活运用语调的抑扬顿挫。

语调的抑扬顿挫使语言呈现一种自然和谐的音乐美，从而更有吸引力。平坦无奇的道路给人一览无余的枯燥感，而曲折蜿蜒的小径更加充满情趣。抑扬顿挫的语调变化能更细致地表达思想感情和语气，语调越多样化，语言越生动活泼。同样一句话，由于语调不一，就可能给人不同的感觉。

第三个原则是控制说话的轻重快慢。

说话轻重适宜，能使语意分明，声音色彩丰富，语气主动活泼，语言信息中心突出，从而更能吸引听者的注意，易于被人理解和接受。一般来说，人们在说话时，重要的词语或需要强调的内容往往说得重些；不重要的内容或者平淡的话题往往说得轻些。根据说话的内容，该轻则轻，该重则重，使语言错落有致，舒服畅快。

运用恰当的语速说话，是控制语调的主要技巧。语速徐疾有序，快慢有节，才能使语言富于节奏感，增强感染力。

你的语言是否吸引人，你的情感是否打动人，常常取决于你的语调。不同的语调，会让听者产生不同的感觉。真实、准确、富有生命力的语调是你的口才成功的关键。

控制好说话的节奏

在与人交往时，要想说话让人家爱听，喜欢听，就要注意控制好自己说话的节奏。说话的节奏是指说话时不断发音和停顿形成的强弱有序和周期性的变化。在日常生活中，大多数人根本不考虑说话的节奏，而说话时不断改变节奏，可以让我们的语言更加生动。

富有节奏感的语言就像充满张力的琴弦，像缓缓潺流的小溪，倾听这样的谈话，简直是一种艺术的享受。高超的口才家对语言的节奏掌握是随心所欲的，他们将语言的节奏当作钢琴的琴键而随意指挥，弹奏出一曲曲动人心弦的音乐。

说话的节奏不同，给人的感觉也不同。有的人说话很快，"突、突、突、突"地像打机关枪一样，给人一种急促的感觉；而另外一种人则恰恰相反，说话节奏很慢，慢慢悠悠。这两种极端的情况都是没有掌握好说话的节奏。如果不懂得如何控制节奏，不仅不能发挥口才的魅力，还会导致沟通障碍。

有一次下班途中，一位青年遇到一群刚看完电视球赛的学生，就问："这场比赛谁赢了？"

有一个学生说："中国队大败日本队获得冠军。"

听完这个回答，这位青年非常迷惑：到底是中国队打败了日本队获得了冠军呢，还是日本队打败中国队获得了冠军呢？

又问了另一位学生，他才知道是中国战胜了日本队。

这位学生的回答之所以让人不明其意，就是因为他没有掌握好说话的节奏。我们在说话时需要借助节奏，来帮助我们传递信息、表达感情。

快慢适中、起伏有度的语言不仅有助于传递信息，帮助听者理解所说的内容，还使语言有了美妙的乐感，使人愿意听、喜欢听。

意大利有位独特的音乐家，他上台不是唱歌，而是把数字有节奏地、有变化地从1数到100。所有的听众都被他的美妙"歌声"倾倒了，甚至有的人感动得流下了眼泪。可见节奏的魅力是多么地大。

那么，我们应该怎样才能掌握好说话的节奏呢？关键就是掌握好什么时候应该减速，什么时候应该加速。

当遇到需要特别强调的事情、非常严肃的事情、使人感到疑惑的事情、需要控制感情的事情、数据、人名、地名等的时候，就需要减速，放慢说话的节奏。

当遇到众所周知的事情、无法控制的感情、精彩的故事进入高潮时等情况，就需要加快说话的节奏。

除了简单的加速和减速之外，语言的节奏有多种形式。在日常生活中，一般有下面几种类型：

1. 高亢型

高亢型的语言声音偏高，起伏较大，语气昂扬，语势多上行。高亢的节奏能产生威武雄壮的效果。在进行鼓动性强的演说，或者叙述重大事件、宣传重要决定、讲解激动人心故事的时候，往往会采用这种方式。

2. 低沉型

低沉型的语言语流偏慢，语气压抑，语势多下行。一般在讲述悲剧，或慰问、怀念等情况下多采用这种语言节奏，使人感到低缓、沉闷、庄重。

3. 轻快型

轻快型语言节奏是最常见的，听来不费力。日常性的对话，一般采用这种节奏。

4. 舒缓型

舒缓型语言节奏是一种稳重、舒展的表达方式。声音比较平稳、从容。语调没有太大的起伏。

不同的语言节奏分别用于不同的场合、不同的环境。准确把握语言节奏，才能显示出口才的内在力量。

建立自己的说话风格

培养自己讲话的风格,使其独树一帜,对你的讲话将起到意想不到的效果。

一个人说话有自己的风格,说话才容易吸引别人,并产生应有的魅力。同样,如果你想成为说话高手,那么,你的说话风格必须有某种独特的地方,以便引起人们的注意,或者使人们容易记住你。你可以利用自己的长相,或身体某种特殊之处,来引起别人注意,但这只能暂时的,也是远远不够的,它只能帮助你引起人们的注意,而不能真正吸引人们。除非你有伟大人物的那种超凡的魅力,否则你必须培养自己说话的风格,这才是使你让别人信服和不忘的最好方法。

美国的依阿华州锡格尼市的凯欧库克旅馆是方圆几十里的流动推销员最爱去的地方,他们不管远近都想到那里去投宿。为什么呢?因为那里的店老板,人称"快乐的韦勒",是一位笑口常开的人。他对谁都能说上几句好听的话,自从人们认识他这么多年以来,从来没有听到他对谁说过一句不顺耳的话。韦勒有他与众不同的地方,说话有他自己独特的风格。后来他成功了,成为当地有名的富翁。

记住你谈话的风格,你与别人交谈的方式,都能为你的名声和你的成功作出重大的贡献。如果你对下级讲话趾高气扬,甚至有鄙视的口吻,那下级就会怨恨你。如果你对上级讲话过于谦恭,他们就可能认为你缺乏能力或者没有骨气,不敢委你以重任。你讲话的风格,不仅仅是你使用词汇的问题,而且是你使用词汇的方式方法的问题,从中也能反映出你的态度和修养。因此要想树立自己的讲话风格,说话就不能忽左忽右变化无常,更不要试图去模仿别人,表现出不属于自己风格或不适合自己风格的东西。虽然学习别人是件好事,但不要故意去模仿别人的风格或者说话的口吻。这种道理很简单,不用多解释谁都会明白,谁都不想遇到一个装腔作势的谈话者。学别人说话,就像那种喝了大量酒的人,他隐瞒不了自己喝了酒的事实,因为人们一闻就明白了,"他把自己当成了别人"。

在谈话的时候,表现出自己自然的风格是上策,但要努力发展你自己的独特风格,而不是去发展别人的独特风格。有些人,当他们与别人谈话时,认为自己有必要装腔作势,或者戴上一副假面具;有些人试图表现得很友善,有的时候甚至表现出媚态;有些人急功近利,就像做电视商业广告一样。这些人的失误在于他们表现的都不是他们自己的本色,自然得不到别人的信服。要有自己的个性,你看到的我是什么样,我就是什么样,不管你喜欢不喜欢,但你总会相信同你谈话的那个人是真实的,不是假冒的。无论对也好,错也好,都要真诚地对待每一个人。因此,只要把握好说话的分寸、原则,总会受到别人的喜欢,从而慢慢养成自己说话的风格,因为你用真诚的自我与别人交流,你用自己的风格和别人说话。

让自己的语速更完善

说话的第一作用就是传递信息,只有让对方听清楚你的讲话,信息才能顺利传递。因此,说话时一定要做到发音清楚,吐字清晰,这就要求语速适中。

说话的速度是不宜太快,亦不宜太慢,一般而言,标准的语速是每分钟70~90字。有些人语速非常快,就像上足了发条的机器一样，这样使听的人不易应付，而且自己也容易疲倦。有些人以为说话快些，可以节省时间，其实语速太快，难免导致发音含糊，不清楚，别人往往听不清楚他在说什么，因此他也只能一遍一遍地重复。这样不但没有节省时间，还浪费了不少时间。有些人，语速很慢，慢慢吞吞，就像蜗牛一样，这样也不利于交流。语速可以通过多种方式进行练习。倾听别人的谈话、朗读、听广播，这些都可以帮助你改善语速。

下面介绍几种简单、易行、有效的语速训练方法。

1. 朗读

经常朗读可以锻炼人口齿伶俐、语音准确、吐字清晰。空余时间，找一篇优美的散文，或者演讲稿，在安静的地方进行朗读。力求读的过程中不要有停顿，发音要准确，吐字要清晰，要尽量把每个字音都完整地发出来，没有含混不清的地方。语速过快的人尽量刻意放慢速度，语速过慢的人注意提高速度。

这种训练的优点是不受时间的约束，只要手头有一篇文章就可以练习。当然，你也可以找一些"听众"，让他们帮你挑出毛病，这样就更有利于你有目的地进行练习。没有听众的话，你还可以用录音机把你朗读的内容录下来，然后自己反复听，从中找出不足，进行改进。

2. 交流

平时多和别人交流，运用一切说话的机会锻炼语速。在与家人聊天、和同事谈论工作的时候，时时刻刻注意自己的语速，可以保持适中的速度，这样长期坚持下来，就会慢慢养成良好的说话速度。

3. 听广播

多听广播，吸取别人的经验，也可以不断提高和改善自己的说话水平。尤其要多听听新闻播音员播报新闻,他们吐字非常清晰,语速适中,能把信息顺畅地传递给我们。不妨模仿你最喜欢的播音员,以他的标准要求自己,相信你的说话水平会大幅提高。

成功从来不是一朝一夕的事情,想要口才能力不断提高,需要长期的磨炼。

 ## 练就悦耳动听的声音

成功的语言表达,莫不以声达意,以声传情。富有魅力的声音不仅会为口才增色不少,还会美化说话者的形象。当我们听见有吸引力的声音时,我们往往会认为此人优雅大方、气质高贵,甚至会觉得他更胜任某项工作,也更具有领导才干。一个声音悦耳动听的人,往往让人感觉更加亲近。一个声音沉闷粗哑,或者生硬刺耳的人,不仅不吸引人,甚至令人生厌。

一个人讲话的声音,既是其最感性直觉的,也是最具代表性的符号。俗话说"音容笑貌",声音的重要自始而知。所以,在口才基本功的训练中,美化声音必不可少。

声音对于人们的工作、生活有重要的作用,通过改善声音、提升语言形象,可以促使人们走向成功。现在,很多发达国家的职业教育工作者就将说话声音的培训作为十分重要的内容。尤其是电话销售公司、公关公司和咨询公司,它们对雇员的声音要求非常严格,要求声音动听、友善、诚恳、热情、沉稳,让顾客和业务伙伴通过声音感受到公司的专业化素质和诚信的服务。饱满圆润、悦耳动听的声音应该怎么练就呢?

声音锻炼的第一步是练气。俗话说"练声先练气"。气息是人发声的动力,是发声的基础。气不足,声音软弱无力;用

气过猛，又会损伤声带。所以练声，先要学会用气。

先来练习怎样呼吸。

吸气：深呼吸，小腹收缩，胸部打开，尽可能深地吸气。

呼气：缓慢呼气，呼吸时把牙齿合上，留一条小缝让气息慢慢呼出。练习缓慢悠长地呼气有利于经常演讲、朗诵的人。

第二步是练声。首先要放松声带，发一些轻慢的声音，就如同"啊……""一……"不要一开始就大声叫喊，或者发出刺激的声音。让声带做好准备工作。

因为口腔直接关系到声音的洪亮、圆润与否，所以放松完声带之后要做一些口腔的准备活动。首先进行张闭口练习，活动嚼肌。接下来练习挺软腭，可以学习鸭子"嘎嘎"叫。

练声时，要选择最佳时间，不要在早晨刚睡醒时就到室外去练习，那样会损害声带。尤其是秋冬季节，室外和室内温差较大时，张口就喊，冷空气会刺激声带。要在温度适宜、气候温暖的时候练习。

英国教育社会学家格莱斯顿说："99%的人不能出类拔萃是因为他们忽略了对嗓音的训练，他们认为这种训练不具有任何意义。"塑造良好的语言形象，塑造充满魅力的声音，是每一个人提高能力、开发潜能的重要途径，更是每个人驾驭人生、改变生活、追求成功的无价之宝。

在练气和练声之后，就要开始练习吐字了。只有发音准确无误，清晰、圆润，吐字才能"字正腔圆"。我们所说出的每一个词、每一句话都是由一个个最基本的语音单位组成，然后加上适当的重音和调整。只有清晰地发出每一个音节，才能清楚明白地表达出自己的思想。

每一个音节都可以分为：字头（声母）、字腹（韵母）、字尾（韵尾）。

俗话说："咬字千斤重，听者自动容。"所以在练习发声时，一定要紧紧咬住字头。具体的做法就是嘴唇要有力，把发音的力量放在字头,利用字头带动字腹和字尾。

想要声音圆润,字腹的发音一定要饱满、充实,口型一定要正确。如果做不到字腹的饱满、圆润,发出的声音就会是扁的、塌的。

字尾一定要完整,把音全部发出来,不能发半截或者一部分音,当然也不能把声音拖得太长。这样声音就能悦耳动听了。

除了经常做上面的练习之外,在平时说话时,要注意避免一些不良的发音习惯。

首先,不要让发出的声音尖得刺耳,虽然每个人的音色、音质不同,有的高亢,有的低沉,有的单纯,有的浑厚。但是,说话时,要善于控制自己的态度,尽量避免刺耳的声音。

其次,不要用鼻音说话。所谓的鼻音,包括"姆……哼……嗯……"之类的声音。这样的声音让人听起来非常的不舒服,并且还会给人一种傲慢无礼的感觉,让人听起来你似乎在抱怨什么。如果你使用鼻腔说话,第一次见面时绝对不会给别人留下好印象。如果你期望自己的声音更加富有魅力,就尽量少用或不用鼻音说话。

再次,注意控制说话的音量。与音调一样,我们每个人说话的声音大小也有其范围,声音过大,会让人感觉你是一个无礼的人、鲁莽的人。声音过小,往往会影响交流。应该找到一种大小最为合适的声音来和别人交谈。充满热情与活力的声音会深深地吸引听众,为你的口才增色不少。

 ## 说话内容要简洁优美

人们常问,如何才能更好地表达出自己真实的思想和感情呢?——这里有一个公开的秘密,所用的方法既非奇异,更非

幻术，说穿了就是平凡、朴素、简洁。这里我们以美国两位著名人物为例，来看一下他们是怎样确立自己平凡、朴素、简洁的说话风格的，第一位是林肯，第二位是马克·吐温。

历来的美国人，从来没有比林肯讲话用的字句更简洁和更优美的了。他所写的散文，有人曾这样说过："竟像音乐一般的悦耳。"随便举一个例子吧：当他在第二次总统就职演说中，就说了这么一句话："勿以怨恨对待任何人，应以慈爱加给所有的人。"

谁都知道林肯的父亲是一个普通的木匠。他的母亲，也没有特异的才学。那么，林肯怎么会有运用语言的特殊天分呢？我们知道，林肯所受的教育是"不完全的"，一生也不过进了不满一年的学校，被选为国会议员后，他自己也曾对群众承认过。那么谁是林肯的老师呢？很多人都不知道，在肯塔基州森林地带有位巡游的村儒学究，曾无意地帮助林肯取得了很大的长进——要不是林肯青年时代的环境太恶劣，也许林肯的成就要更大一些。

在林肯当总统前，有人问他有多少财产。当时在场的人期待的答案多数是多少万美元、多少亩田地。然而林肯却扳着手指这样回答："我有一位妻子、一个儿子，都是无价之宝。此外，也租了一个办公室，室内有一张桌子、三把椅子，墙角还有一个大书架，架上的书值得每人一读。我本人又高又瘦，脸蛋很长，不会发福。我实在没有什么可依靠的，唯一可靠的财产就是——你们。"

林肯当律师的时候，一次他作为被告的辩护律师出庭。原告的律师把一个简单的论据翻来覆去地讲了两个多小时，好容易才轮到林肯上台作辩护。林肯走上讲台，却一言不发。他先把外衣脱下放在桌上，然后拿起水杯喝了口水，接着又重新穿上外衣，然后又喝水。如此动作一连重复了五六次，法庭上的人当时会心地笑开了，笑得前仰后合。

南北战争爆发时，各报向林肯提出了各种各样莫名其妙的建议。林肯耐着性子听完了一位纽约记者提出的冗长作战方案之后，说："听了你的建议，我不禁想起了一个小故事。几年前，有人在堪萨斯骑马旅行，因为人烟稀少，无路可行，他迷失了方向，更糟糕的是随着夜幕降临，下起了可怕的雷暴雨。隆隆雷声，震撼大地；道道闪电，瞬息之间照亮地面。这个失魂落魄的人，最后下了马，借着时有时无的闪电亮光，开始步履艰难地牵马行走。突然，一声惊人的霹雳骇得他双膝跪地，他呼喊道：'上帝，既然你什么都能做到，就多赐给我们一点亮光，少来点刺耳的声音吧。'"

林肯自己平凡朴素，也讨厌他人说话故作高深、晦涩难懂，这是很值得我们借鉴和学习的。接下来我们再来看看马克·吐温。

据说，有人还曾去询问马克·吐温："演说是长篇大论好呢，还是短小精悍好？"马克·吐温没有正面回答，而是讲了这样一个风趣的故事：一个礼拜天，他到教堂去，适逢一位慈善家正用令人哀怜的语言讲述非洲慈善家的苦难生活。当慈善家讲了5分钟后，他马上决定对这件有意义的事情捐助50美元，当慈善家讲了10分钟后，他就决定将捐款减至25美元，当慈善家继续滔滔不绝讲了半小时之后，马克·吐温又决定减到5美元，慈善家又讲了一小时后，拿起钵子向大家哀求捐助，并从马克·吐温面前走过的时候，马克·吐温却反而从钵子里偷走了两美元。马克·吐温原本决定捐助50美元变成偷走两美元，似乎太不近情理，但细想起来，却是理所当然的。

鲁迅说过："时间就是生命，无端空耗别人的时间，其实是无异于谋财害命的。"那位慈善家只需5分钟讲完的话，却滔滔不绝，拉长到60分钟，致使他的说话形象一落千丈，说话风格令人生厌，这怎能不引起马克·吐温的反感，以至于恶作剧地从那位慈善家的钵里偷走两美元钱。

"言不在多,达意则灵。"讲话简练有力,能使人兴味不减。冗词赘语,唠叨啰唆,不得要领,必令人生厌。不少演讲大师惜语如金,言简意赅,留下珍贵的篇章,成为"善辩者寡言"的典型。

 ## 不良的说话习惯碰不得

如果一个人的脸上长有疤痕,可以从镜中窥见,可以使用化妆品或药品加以治疗弥补。同样,谈吐方面的缺陷也可以改变,只要治疗之前,自己能够清醒地认识到自己的这些缺陷。如果不清楚自己说话的缺陷,也可以试着拿一面镜子对照自己说话的姿态:是否手势过多,是否翘起嘴角,是否表情难看,是否过于冷漠、紧张、僵硬,是否强抑声调……

以下几点是我们说话中常有的缺陷,我们可以对照检查,并加以改正。

1. 说话用鼻音

用鼻音说话是一种常见且影响极坏的缺点,当你使用鼻腔说话时,就会发出鼻音。如果你用大拇指和食指捏住鼻子,你所发出的声音就是一种鼻音。如果你说话时嘴巴张得不够,声音也会从鼻腔而出。在电影里,鼻音是一种表演技巧,如果演员扮演的是一种喜欢抱怨、脾气不好的角色,他们往往爱用鼻音说话。如果你使用鼻音说话,鼻音对于女人的伤害比对男人更大,你不可能见到一位不断发出鼻音,却显得迷人的女子。如果你期望自己在他人面前具有极大的说服力,或者令人心荡神移,那么你最好不要使用鼻音,而应使用胸腔发音。正确的方法是，平时说话时，上下齿之间最好保持半寸的距离。

2. 声音过尖

一个人受到惊吓或大发脾气时，往往会提高嗓门，发出刺耳的尖叫。一般女性犯此错误居多，要多加注意。因为尖锐的声音比沉重的鼻音更加难听。你可以用镜子检查自己有无这一缺点：脖子是否感到紧张？血管和肌肉是否像绳索一样凸出？下颚附近的肌肉是否看起来明显紧张？如果出现上述情形，你可能会发出刺耳的尖声。这时你就要当机立断，尽快让自己松弛下来，同时压低自己的嗓门。

3. 说话忽快忽慢

一般来讲，说话的速度很难掌握，即使是一些职业演说家或政治家，有时也不容易把握好自己说话的速度。说话太快，别人就听不懂你在说些什么，而且听得喘不过气来。说话太慢，人们就会根本不听你说，因为他们缺乏一种耐心。据专家研究，适当的说话速度为每分钟120～160个字之间，当我们朗读时，其速度要比说话快。而且说话的速度不宜固定，你的思想、情绪和说话的内容会影响你表达的快慢。说话中把握适度的停顿和速度变化，会给你的讲话增添丰富的效果。

为了测量自己说话的速度，你可以按照正常说话的速度念上一段演讲词，然后用秒表测出自己朗读的时间。如果你说话的速度每分钟不到上面那个标准，就可以试着调整说话速度，看是否会收到良好的效果。

4. 口头禅过多

日常生活中，人们听到这样的口头禅，如"那个""你知道不""是不是""对不对""嗯"等。如果一个人在说话中反复不断地使用这些词语,一定会损失自己说话的形象。口头禅的种类繁多,即使是一些伟大的政治家在电视访谈中也会出现这种毛病。

当然谈话中"啊""呃"等声音过多,也是一种口头禅的表现,著名演说家奥利佛·霍姆斯说:"切勿在谈话中散布那些可怕的'呃'音。"如果你有录音机,不妨将自己打电话时的声音录下来,听听自己是否有这一毛病。一旦弄清了自己的毛病,那么以后在与人讲话的过程中就要时时提醒自己注意这一点。

下面介绍几种克服口头禅的方法以供参考。

默讲。出现口头禅的原因之一,是对所讲的内容不熟悉,讲了上句,忘了下句,此时就要用口头禅来获得一点思考的时间,以便想起下句话。事前默讲几遍,对内容、措辞十分熟悉,正式讲话时就能减少或不出现口头禅了。

朗读。克服口头禅的朗读法,就是将自己的口语,从不清楚变为清楚、流利的语言。如果内部语言流畅贯通,就不会出现口头禅。出声朗读老舍、叶圣陶等语言大师的作品,有助于用规范的语言来改善自己不规范的语言。

耳听。广播员、演员的语言,一般都较为规范,没有口头禅。平时听广播、看电影时,可边听边轻声跟着说。久而久之,你会惊喜地发现:自己的口语精练了,口头禅少了,连普通话水平也提高了。

练习。听听自己的讲话录音,会对自己讲话中的口头禅深恶痛绝。这样,往往能使自己讲话时十分警惕,口头禅也会随之变少。

慢语。在一段时间内,尽量讲慢些,养成从容不迫地思维和说话的习惯,一句句想,一句句说,对克服口头禅有很好的效果。

5. 讲粗话

讲粗话是说话的恶习。俗话说，习惯成自然。随便什么事情，只要成了习惯，就会自然地发生。讲粗话也是如此，一个人一旦养成了讲粗话的习惯，往往是出口不雅，自己还意识不到。讲粗话是一种坏习惯，是极不文明的表现，但要克服这种习惯也并不是一件易事。比较有效的办法是，找出自己出现频率最高的粗话，集中力量首先改掉它。首先是改变讲话频率，每句话末尾停顿一下。其次，讲话前提醒自己，改变原有的条件反射。出现频率最高的粗话改掉了，其他粗话的克服也就不难了。

请别人督促也很重要。当然，这里的"别人"最好是了解自己的人，这样督促起来可以直截了当。由于有时自己讲了粗话还不知道，请别人督促就能起到提醒、检查的作用。督促还有另一层心理意义，那就是造成一种不利于原有条件反射自然发生的外界环境，以促进旧习惯的终止。

6. 结巴

"结巴"是口吃的通称。

"结巴"对于极个别的人来说是一种习惯性的语言缺陷，是一种病态反应，他们也被称为口吃患者。口吃就是说话时字音重复或词句中断的现象，要想治愈说话"结巴"的毛病，除药物治疗外，更重要的是去除心理障碍。日本前首相田中角荣少年时代就是口吃患者，为了克服这个缺陷，他常常朗诵课文，为了发音准确，就对着镜子纠正嘴形，后来他成了一位著名的政治家、演说家。有口吃的人不妨试一试这个方法，坚持朗读文章，只要坚持不懈并保持良好的心态，相信一定会产生好的效果。

7. 毛手毛脚

毛手毛脚，意即说话时动作过于频繁。可以检查一下自己，是否在说话时不断出现以下动作：坐立不安、蹙眉、扬眉、歪嘴、拉耳朵、摸下巴、搔头皮、转动铅笔、拉领带、弄指头、摇腿等。这都是一些影响你说话效果的不良因素。当你说话时，动作过于频繁，听者就会被你的这些动作所吸引，根本不可能认真听你讲话。

说话时要注意面部表情

当人们在倾听你说话的内容时，不单会注意你的语调、语速，还会关注你的面部表情。美国学者戴维斯在他的专著《心怎样识别形体语言》一书中指出："信息总效果：7%的文字+38%的声音+55%的面部表情。"可见，面部表情对信息传递效果的影响很大。面部表情也称作面部语言，是指人们通过面部来表达思想感情的一种身体语言。面部语言通过眼、眉、嘴，以及面部肌肉的变化体现出来，内容极为丰富。

罗曼·罗兰曾说："面部表情是多少世纪培养成的语言，是比嘴里讲的更复杂到千百倍的程度。"在面对面的口语交际中，面部表情尤为重要，它是心灵的"晴雨表"。面部语言能帮助我们传递更多的信息，沟通人们的感情，可以有效地提高口语表达效果。已故美国记者根宝在《回忆罗斯福》一书中写到："在短短20分钟之内，他的面部表情有：稀奇、好奇、伪装的吃惊、真情的关切、担心、同情、坚定、嬉笑、庄严。都有超绝的魅力，但他可不曾说过一个字。"由此可见，面部表情完全可以充当你的"发言人"，即使你没说话，也能通过面部传递信息。

眼睛是面部表情中非常重要的部分,雨果说过:"眼睛是灵魂的窗户,是人们认识世界的窗户。"心理学家苏赞也说:"眼睛能够暴露一个人心中最大的秘密。不管他在说什么,他的眼睛都会告诉你他正在想什么。"在说话的过程中,人的情感、心理、性格甚至审美观都会通过眼睛展示给听众。因此,口才高手们常常能够巧妙运用眼神去表达千变万化的思想感情,用眼神和听者交流,来调节现场的气氛。

法国前总统戴高乐就非常重视眼神交流,为此,他在做公开演说和电视讲话时,从不戴眼镜。因为他要同法国人"眼对着眼"讲话,实现眼神交流。,在与人面对面谈话时,用眼睛适当地看着对方,能给对方一种受到尊重的感觉。如果谈话时,不停东张西望,或者看着别处,会给人一种"目中无人"的感觉。当众讲话时,可以采用环顾或虚视的方法和听者进行眼神交流。环顾就是视线有意识地自然流转,环顾全面。这样可以同所有听者保持眼睛的接触,让每一个人感觉你注意到了他,从而可以增强互动。同时,这种方法还可以使说话人通过多角度的视线接触,比较全面地了解听众的心理反应。而虚视是指把视线放在听众的中部或后部,让目光似看非看,好像在看什么地方、哪个听众,实际上什么也没看。采用这种方式,可以消除说话人的紧张情绪,有助于集中精神。

黑格尔曾说:"不但是身体的面容,姿态和姿势,就是行动和事迹,语言和声音以及它们在不同生活中的千变万化,全部可以艺术化成眼睛。人们从这眼睛里可以认识到内在的无限自由的心灵。"所以说,眼睛的力量是无穷的。除了眼神之外,面部语言还包括眉部、鼻子、耳朵、嘴部的变化。心理学家苏赞·克拉默指出:"眼眉的变化是一个人正在想什么的另一种迹象。"如果他只抬起一个眼眉,那就表明他对你的话有所怀疑;如果两个眼眉同时抬起,就表示非常惊讶。如果你在说话时,对方不停地摸鼻子或拉耳朵，那就表明他不完全理解你的话，有些糊涂了。

总的说来，谈话时的面部表情应该是轻松友善的，这样才能拉近彼此之间的距离。如果摆出一副盛气凌人的表情，或者是自负自矜的面孔，会将听者拒之千里之外。此外，面部表情还应是落落大方的，自然得体的。

第九章　掌握沟通技巧，对话才能顺利

　　在和他人开始交谈之后，就进入正式的沟通阶段。在这个时候，你需要掌握一些沟通的策略和技巧，使对话顺利进行下去，不使谈话冷场，让他人愿意听你说，让对方自愿喜欢讲，使双方越谈越投机，越讲越觉得相见恨晚。

 要沟通就得寻求同步

在实际的沟通中,彼此认同是一种可以直达心灵的技巧,彼此认同又是沟通的动机之一。这样,在认同这个态度上,外在技巧和内在动机就结合得比较完美。认同经由同步而来,沟通关系都是从同步开始跨出第一步的。并且,认同的目的几乎就是达到同步,这就形成了一个奇妙的进程:同步+认同+同步。

毫无疑问,后一个同步是在认同基础上达成的共识和一致行动,相比前一个同步已经产生了质的飞跃。

同步是沟通第一步,应该首先理解。同步就是沟通双方彼此经过协调后所形成的、有意要达到同样目标时所采取的相互呼应、步调一致的态度。它意味着沟通在经过彼此的默许和暗示之后正走在通向顺利的路上。

沟通双方相互以对方的角度看问题时,同步就开始了。于是,彼此都寻找共同点。各种共同点综合起来,沟通的可行性就大了。所以说,要沟通就得寻求同步。

下面介绍一些寻求同步的技巧,但愿这些外在的技巧的丰富能配合你的内在动机,使你达到沟通的目的。就像一个练就了好脚法的球员走上球场就能进一两个球一样,胜券在握。

第一,利用呼吸促进沟通。

呼吸是最具普遍性的现象。你永远都不可能说与你沟通的人居然没有呼吸吧?也就是说没有呼吸是不可能沟通的。那么,能不能利用呼吸促进沟通呢?呼吸是所有人不需寻找就具有的共同点,应该可以促进沟通。怎么用呼吸促进沟通呢?

曾经师从容格学习的心理分析导师皮科·嘉尔曼教授认为："呼吸的同步具有诱导性，它可以诱导沟通者的心灵发生感应，从而使双方步调一致，彼此配合。"

同呼吸的方法有很多种，经各方验证最实用的一种是这样的。其一，选择最合理的空间位置。研究表明双方保持90度角时，最能够感应呼吸，且看到的呼吸最全面。当然，根据环境不同，也可采取正面或者较远处的位置，最极端的是从背面，这一般出现在背靠背的情侣之间，他和她可以通过身体的接触而感应到对方的呼吸。其二，观察彼此的呼吸节奏。男人用腹部呼吸，女人是用胸部呼吸。其三，对方呼气，你也呼气；对方吸气，你也吸气。注意掌握呼吸的轻重缓急。其四，由于说话之时，呼气比较多，你听别人说话时，就得呼气；相反，对方沉默时，就跟上一项一样。其五，自己开口说话时，言词应尽可能配合对方的呼气，吸气则可以稍加忽略。

据研究，这个同呼吸法最适用于对方感情和情绪变化激烈之时。

第二，保持视线同步。

你知道吧？人为什么有两只眼睛？这个问题一问之下，你会觉得好笑，可细想下来，似乎和"先有鸡，还是先有蛋"一样无法回答清楚。既然它是如此纠缠不清的问题，那就抽象一点回答：是造物主为了教导人们视线同步时才能看到全面的问题。这样，我们就从人为什么有两只眼睛这个疑问中找到视线同步这个答案。视线同步在沟通时是非常重要的，几乎所有的教科书都认为："说话时要看着对方的眼睛。"这是追求同步的好方法。

注视别人的眼睛最起码可以暗示对方：彼此的沟通是认真的。当你的视线投注在对方的眼里，对方也会配合你的视线，他人岔开视线时也跟着岔开视线，他人眨眼睛时也跟着眨眼睛。做这些动作时，不要过分专注，要显得自然，尽量让对方相信你只是在看着他的眼睛说话。

彼此的注视互相习惯之后，就可以让注视时间长一些，对方就会彼此感兴趣，自然就会为沟通铺平道路。当对方注视自己时，应该尽力与对方配合，彼此就会抱有好感。

另外，还要能跟踪对方的视线，随着对方视线的方向而调整自己视线的方向。人们往往能够凭借面对着某一事物时的方向一致而不约而同地感应到共同点。

第三，姿态的共同性。

能够在姿态上留心观察是件有趣的事。研究表明，人体常用的姿态不过三十几种，按人类总人口比例来分配，平均十几亿人就共有一个姿态。呀！的确是个惊人的比例。你要明白的是：你每做一个动作，可能就有十几亿人和你有同一个动作的共同点。姿态真是不可忽视的交际沟通手段，而且不可不用。

倾听他人讲话是沟通的必要条件，如果倾听时能够配合姿态动作，他人一定会更有认同感。倾听时，频频点头的动作可以和对方的语言节奏相一致。姿态和动作也渐渐变得相似时，表明沟通正在深入，越深入就会越相似。这方面的铁证就是，老夫妻由于长期配合沟通，在相貌上也会变得酷似。你可以把身体主要部位的姿态和对方保持一致。如果对方小声地说话，你也小声回答。试想你声大如狮吼，别人不吓一跳才怪呢。采取姿态的同步还可保护自己，因为这样可以蒙蔽对方的判断力。研究表明：相似的相貌，相似的身材，很容易成为朋友。

第四，各种速度都要合拍。

当你懂得配合对方呼吸、视线、姿态等同步效应时，沟通已经变得容易了。但要沟通变得更容易，还得配合速度也可以说节奏。沟通时的速度不是竞赛，谁也不是冠军，谁也不是最后一名，大家一起撞线，就算是并列第一吧，各种速度都要合拍。合拍的例子最简单的一个就是别人唱歌时你在旁边打拍子。

最重要的是根据他人说话的速度作出反应,他缓慢地谈话时,你要缓慢地点头;他说话急速时,你要迅速地做出反应。

还要训练自己的观察力。只有具备敏锐的观察力才能够和他人的讲话速度随时配合。

 ## "提问法"的话题展开法

恰到好处的提问就像一把钥匙,能打开对方的语言闸门,引出源源不断的谈资,并且从中找到最佳的聊天话题,对聊天的作用非常大。当谈话进行不下去时,可通过一些简单的提问就可以"撬开"对方的嘴巴,引出新的话题。例如:

甲:您在什么地方工作?

乙:在南京一家单位工作,现在来这里出差。

甲:南京不错啊,好山好水,还有很多美食。

乙:确实不错,你去过吗?

甲:我以前在那里上了几年学,多少有一些了解。

乙:你去过中山陵吗?

甲:当然去过……

在一问一答中,不断引出新的话题,谈话进行得非常顺利。

通过提问,可以避免平铺直叙,增加谈话的趣味性,尤其可以将对方拉进话题中来,对方也会积极地回应。例如:

甲、乙两人在聊天,甲对乙说:你知道有专门治疗打嗝的药吗?

乙摇摇头说:没有吧,没有听说过。

甲:有,当然有啊。我就吃过呢。你知道吗?

乙:不知道,什么样的药啊?

甲:有一次,我打嗝很严重,就跑到一家医院去求诊,医

生给了我一包药,并且告诉我是治疗打嗝的奇药。那药真是管用呢,吃了一次就好了。你知道医生开的药是什么吗?

乙:是什么灵丹妙药?

甲:就是一包普通的维生素,其实这是医生的心理疗法,是医生的话治好了我的打嗝。

如果甲没有使用提问的方式,一开始就讲"有一次,我打嗝很严重……"这样平淡的谈话会让双方索然无味。

尤其是和不善言辞的人或者陌生人交谈时,巧妙地运用提问,能不断获取有效的信息,从而产生谈资。

不过需要注意的是,在提问时,应当避免查户口式的提问方法,如果提问次数频繁,如同连珠炮一般,反而会让对方感到受审问一般,会引起对方的反感。

 **通晓打破冷场的技巧**

交谈过程中,由于话不投机或不善表达,常常会导致冷场,这是非常令人窘迫的情况。打破冷场的最佳办法,就是寻找一个新的话题,转移大家的注意力。

有人作了分析,认为在以下几种情况下,最容易因"话不投机"而出现冷场。

1. 彼此是陌生人,不大相识。
2. 谈话者的年龄、职业、身份、地位差异大。
3. 兴趣、爱好、性格、素质差异大。
4. 互相之间有利害冲突。
5. 异性相处,尤其是两人在单独相处时。
6. 长期不交往,或者是多年不见而比较疏远。
7. 交谈者都是性格内向、不善言辞的人。

避免冷场是谈话双方共同追求的,万一出现冷场时,要尽量地采取有效措施,积极应对,可以用下面的做法打破冷场。

1. 立刻向对方介绍一个人、一件事或一样东西,以转移注意力,激发他们重新开口的兴致。

2. 提出一件事情,或者一个人,询问对方的看法和意见,活跃谈话气氛。

3. 讲个笑话,开个玩笑,再巧妙地转入正题。

4. 谈谈家常,问问对方家人的情况,缓和一下气氛。

5. 就地取材,对当时的环境、陈设等发表看法,引起讨论。

想要避免冷场,就要保证谈话的话题有趣、有益。"曲高和寡",会导致冷场;"淡而无味",同样会引起冷场。不希望出现冷场的交谈者,应当事先做些准备,使自己有一点"库存话题"。

下面的话题,可供冷场时"救急"之用。

1. 对方的家人、朋友,"人"是谈话永恒不变的话题。

2. 对方的爱好、兴趣。当谈论自己熟悉的事物时,每个人都会有话说。

3. 对方事业上的成就、工作上的情况。

4. 对方的健康,"身体是革命的本钱",每个人都关注自己的身体状况。

5. 影视戏剧、明星、娱乐新闻。

6. 某地的风情、特产。

总之,打破冷场的话题,"聚焦点"要准,"参与值"要高,即话题应是共同关心、能引起注意、人人可参与意见的话题。

另外,在选择话题时,要注意顾及到每个人的感受。如果话题可能引起在场者(哪怕只有一位)的窘迫或不快,即使此话题更能活跃气氛,引起大家的讨论,也不宜作为打破冷场的话题,否则"一人向隅,举座不欢"。比如,某人近期丧子,一般就不要当着他的面大谈儿女之事,以免勾起他的伤感。某人近期工作不顺,就不要在他面前谈论某某人升职之事。

关心、体谅、坦率、热情是打破冷场的最有力"武器"。只要以这样的态度去努力,"坚冰"可以融化,僵局不难打破。

 ## 有时候听比说更重要

对我们大多数人来讲,倾听是从我们听到别人讲话声音开始的,但倾听与听有什么区别呢?一般学者认为,"听"是人体感觉器官接受到的声音,或者换句话说,"听"是人的感觉器官对声音的生理反应。只要耳朵听到别人谈话,我们就在"听"。

倾听虽然以听到声音为前提,但更重要的是我们对声音必须有所反应。倾听必须是人主动参与的过程,在这个过程中,人必须思考、接收、理解,并作出必要的反馈。同时,倾听的对象不仅仅局限于声音,还包含理解别人的语言、手势和面部表情等。在此过程中,我们决不能闭上眼睛只听别人的声音,而且还要注意别人的眼神及感情表达方式。

保罗·赵说过:"沟通首先是倾听的艺术。"伏尔泰说:"耳朵是通向心灵的道路。"米内也说:"会倾听的人到处都受欢迎。"松下幸之助把自己的全部经营秘诀归结为一句话:"首先细心倾听他人的意见。"

以上的引述都说明了倾听的重要性。事实上,在日常生活中,倾听是我们自幼学会的与别人沟通能力的一个组成部分。它保证我们能够与周围的人保持接触,失去倾听能力也就意味着失去与他人共同工作、生活、休闲的可能。在日常工作中,领导者的倾听能力更为重要。一位擅长倾听的领导者将通过倾听,从同事、下属、顾客那里及时获得信息并对其进行思考和

评估，并以此作为决策的重要参考。有效而准确地倾听信息，将直接影响管理者的决策水平和管理成效，并由此影响公司的经营业绩。

倾听是由管理工作特点决定的。科学技术在飞速发展，社会化大生产的整体性、复杂性、多变性、竞争性决定了管理者单枪匹马是肯定不行的。面对纷繁复杂的竞争市场，个人难以作出正确的判断，制定出有效的决策方案。法国作家安德烈·莫洛亚说："领导人应善于集思广益，应当懂得运用别人的头脑。"他援引希腊谚语说"多听少讲有利于统治国家"。对领导者与管理者要求虽有区别，但重视倾听这一点应该是一致的。唐代贤臣魏征在劝谏唐太宗时更一针见血地指出："兼听则明，偏信则暗。"具体来说，倾听的重要性有以下几点：

①倾听可以调动人的积极性。善于倾听的人能及时发现他人的长处，并创造条件让其积极性得以发挥作用。倾听本身也是一种鼓励方式，能提高对方的自信心和自尊心，加深彼此的感情，因而也就激发了对方的工作热情与负责精神。美国最成功的企业界人士之一的玛丽·凯·阿什是玛丽·凯化妆公司的创始人。现在她的公司已拥有20万职工，但她仍要求管理者记住倾听是最优先的事，而且每个员工都可以直接向她陈述困难。她也专门抽出时间来聆听下属的讲述，并做仔细记录。对他们的意见和建议十分重视，在规定的时间内给予答复。这样做的好处就是沟通了彼此的感情，倾诉者要求被重视的自尊心得到了满足。在很多情况下，倾诉者的目的就是倾诉，"一吐为快"，或许他们并没有更多的要求。日本、英国、美国等一些企业的管理人员常常在工作之余与下属职员一起喝几杯咖啡，就是让部下有一个倾诉的机会。

②积极倾听可以使管理者作出正确决策，对缺乏经验的管理者，倾听可以减少错误。日本松下幸之助先生创业之初公司只有3人，因为注意征询意见，随时改进产品，确立发展目标，

才使松下电器达到今天的规模。玛丽·凯·阿什创业之始公司只有9人,但她善于倾听各种意见,很多产品都是由于销售部门听取了顾客的建议,按照顾客的需要制作的,所以无需大做广告,节省了很多的广告费用,但产品销路照样很好,企业的效益一直在同行业中居领先地位。

③倾听也是获得消息的重要方式之一。报刊、文献资料是了解信息的重要途径,但受时效限制,而倾听却可以得到最新信息。交谈中有很多有价值的消息,有时它们常常是说话人一时的灵感,而自己又没意识到,对听者来说却有启发。实际上就某事的评论、玩笑、交换的意见、交流的信息、各地的需求消息,都是最快的消息,这些消息不积极倾听是不可能抓住的。所以有人说,一个随时都在认真倾听他人讲话的人,在与别人的闲谈中就可能成为一个信息的富翁。俗话说得好,"听君一席言,胜读十年书"。

④注意倾听是给人留下良好印象的有效方式之一。许多人不能给人留下良好印象,就是因为他不注意听别人讲话。心理观察显示,人们喜欢善听者甚于善说者,戴尔·卡内基曾举过一例:在一个宴会上,他坐在一位植物学家身旁,专注地听着植物学家跟他谈论各种有关植物的趣事,几乎没有说什么话,但分手时那位植物学家却对别人说,卡内基先生是一个最有发展前途的谈话家,此人会有大的作为。学会倾听,实际上已踏上了成功之路。

 ## 掌握积极倾听的艺术

让讲话人说下去。我们有两只耳朵,而嘴只有一张,所以应多听少说。要求自己静心听,让讲话者把话讲完,而不要打

断他。不要主观臆断讲话人接下去将说些什么，也不要总想着自己接下去该说什么。此时你的任务有三项：

第一，不要先入为主。

你的价值观念、信仰、理解方法、期望和推测都会导致先入为主而成为妨碍你倾听对方讲话的"有色眼镜"。如果你的头脑中冒出这样的念头："他怎么又说了一遍！"或"你还能指望他说些什么？"，那说明你已经戴上了"有色眼镜"。此时，你应该考虑如何运用讲话人所提供的信息。讲话人的表达缺乏条理，所用言辞以及性别、文化差异等都可能增加你聆听时的难度。他的非语言信号和语调也会成为影响交流的潜在因素。即使如此，你也要继续听下去，并尽量控制住自己的反应。此时，你的主要任务是领会谈话人的观点。

第二，偶尔的提问。

澄清问题的方法有：

"我可能没有听懂，你能否再讲具体一点？"

"还有哪些方面需要考虑的呢？"

"你能详细说明一下你刚才所讲的是什么意思吗？"

请注意，这些问题都是为了要求对方提供信息而问的，而不是对谈话人所讲的内容进行评论或评价。

讲话者总希望和你交流，希望被人理解。你不妨改变说法，重复一遍你没有听得太清楚的词句，以证实自己的理解是否正确。如果给自己多留一些对听到的信息进行"消化"的时间，就能慢慢地适应讲话人的讲话方式，这样就会理解得更多一些。

第三，及时给予反馈。

积极聆听的最后一个环节是用自己的语言复述对讲话人所表达的思想与感情的理解。给讲话人以反馈，从而完成聆听的全过程，并告诉他其信息已被听到并理解了。

反馈的方式有三种：

①逐字逐句地重复讲话人的话

甲：昨天晚上计算机坏了。
乙：哦，计算机昨天晚上坏了！
②重复讲话人的话，只是把"我"改成"你"
甲：我正在另找一份工作。
乙：你正在另找一份工作。
③用自己的语言解释讲话人的意思
甲：我不喜欢我的老板，再说，那个工作也很烦人。
乙：你对你的工作不太满意。

我们也可以以确定性的语言提问或陈述自己对信息的理解和判断，并对以后可能出现的情况作出预测。

学习将错就错的应变技巧

掌握神奇机智的语言应变技巧，无论是在社会交往还是在商业谈判、发表演说等方面，都具有重要的作用。

我们在社交场合中，特别是处境尴尬时，将错就错的巧妙开脱往往比一味解释更具有奇妙的作用，它是机智应变语言的重要内容之一。

《世说新语》中记载了这样一个故事：

一天，魏文帝下旨传钟毓、钟会兄弟二人进宫，由于第一次见皇帝，二人心中不免紧张，钟毓出了一额头的汗。

皇帝见了便笑问老大钟毓："你怎么出汗了？"

"战战惶惶，汗出如浆。"钟毓一边擦汗一边回答。

魏文帝又问老二钟会："你怎么没出汗？"

"战战栗栗，汗不敢出。"钟会答道。

两人皆受到了魏文帝赏识。

清代大才子纪晓岚才华横溢，深得乾隆皇帝喜爱。纪晓岚也在乾隆面前无所顾忌，经常口出"狂言"。有一次，乾隆皇帝带着几个随从突然来到军机处。此时的纪晓岚正光着膀子和几个办事人员闲聊。其他人老远就看见皇帝上来了，连忙起身迎上前去接驾。纪晓岚是高度近视，刚开始没看见走在最后面的乾隆，等他明白怎么回事的时候，乾隆就快到了。

纪晓岚心想："就这样光着膀子接驾，岂不是冒犯龙颜？干脆一不做二不休，趁着别人不注意钻到桌子底下躲起来。"

这一切，早被乾隆看了个真真切切，他心中一阵好笑，有心想"整整"纪晓岚。

乾隆在椅子上坐定，示意其他人都不许出声，很长时间过去了，纪晓岚在桌子底下早就待不住了，心中纳闷：怎么进来之后就没动静了？这么长时间了，早该走了，该不是已经走了吧，想到这里纪晓岚压低了嗓门，喊道："喂，有人吗？老头子走了吗？"

满屋子的人都听到了，大家忍不住都想乐，一听纪晓岚喊"老头子"，心想这一下子可有好戏看了。

乾隆也听得真真切切，板起脸，厉声呵道："纪晓岚，出来吧。"

纪晓岚一听是乾隆的声音,心想:"完了,完了,这回可完了。"只好无可奈何地从桌子下钻出来见驾。

乾隆一看纪晓岚光着膀子，满身大汗，惊慌失措的样子，心里一阵好笑："纪晓岚人称大清第一才子，居然这般模样。"接着故意装作生气的样子，大声呵道："大胆的纪晓岚，你不见驾也就罢了，居然还敢说朕是'老头子'，你什么意思？今天你要讲不清楚，要了你的脑袋。"

到了这种境地，纪晓岚反倒镇静了许多，一边擦汗，一边苦思对策。忽然他灵机一动，反正错了，错了就错说呗，不紧不慢地说道："万岁爷请息怒，刚才奴才称您为'老头子'，只是出于对您老人家的尊敬，别无他意。"

乾隆一听更来气了:"尊敬?好,你给朕说说怎么个尊敬法。"

纪晓岚慢慢说道:"先说这'老'字,天下臣民每天皆呼皇上万岁,万岁,万万岁,您说这万岁、万万岁算不算'老'啊?"

乾隆没作声,只是点点头。

纪晓岚见乾隆有所应允,接着说:"再说这'头'字,家有千口,主事一人,如今皇上便是我大清国的主事之人,是天下万民之首,'首'者'头'也。故此称您为'头'。"

乾隆边听边眯着眼睛笑,很是满意。

"至于这'子'嘛,意义更为明显。皇上您贵为天子,乃紫微星下凡。紫微星,天之子也,因此您为'子'。这便是我称您老人家为'老头子'的原因。"纪晓岚说完轻轻舒了口气。

乾隆听完抚掌大笑:"好一个'老头子',纪晓岚你果然是个才子。"

在这里纪晓岚将错就错使皇上龙颜大悦,巧妙地为自己化解了一次险情。

又如前联合国秘书长瓦尔德海姆就任奥地利总统后不久,因他在纳粹军队中任过职,国际舆论一时沸沸扬扬。他在接受采访时,一名记者问及此事,这使他颇为尴尬。但他仍不失风度地对记者说:"关于这件事情,我无权作出解释,最权威的解释者是我母亲,看她是不是生了两个瓦尔德海姆。"

瓦尔德海姆将错就错,一句话即使自己脱离了尴尬的境地,又不失总统的风度。

 # 见什么人说什么话

这个世界没有两个性格完全相同的人。因此如何与不同个性的人说话其中有不少的学问和技巧。

1. 对待性情急躁者

性情急躁的人，容易兴奋，容易发怒，自我控制力差，动不动就发火，但这种人往往比较直率，不会搞什么阴谋诡计，而且他们重感情，重义气。如果与以诚相待，他们便会视你为朋友。

和性情急躁的人相处，可以采取宽容态度。当他对你发火时，可以置之不理或一笑了之，不要在气头上与他争吵。

歌德有一次在公园散步，迎面碰到一个曾对他的作品提出尖锐批评的评论家。那位评论家性情急躁，他对歌德说："我从来不给傻子让路！"

"而我相反！"歌德幽默地说，还对那个人微笑。

于是一场无谓的争吵避免了。

一句幽默的话语，一个微笑，也许是与性情暴躁的人相处的一个很好武器，同时激励也可以助你一臂之力。这种人一般比较喜欢听奉承话，听好话。因此，我们要不失时机，恰如其分地表扬和鼓励他。与之交往，宜多采用正面的方式，而谨慎运用反面批评的方式。

2. 与性格孤僻者的相处艺术

心理学家认为：人类得到情感上的满足有四个来源：恋爱、家庭、朋友和社会。一个人的孤独程度，取决于他同这四个方面的关系如何。

性格孤僻的人，往往表现为情感内向，不善于与人交流，整日禁锢在自己的天地，郁郁寡欢。他们往往是因为无法处理好以上四个关系，缺乏亲情、友情、爱情，才会导致这种性格。若要以朋友身份与他们友好相处，必须做好四个方面的工作。

首先要在学习、工作、生活中给予他们关心和帮助，使他们感受到友谊的温暖，与你初步建立友谊。

性格孤僻的人一般不爱与人交谈。就是特别关心的事，也不愿主动开口。我们必须多主动引导和鼓励他们谈话。选择他们感兴趣的话题，打开话匣子。谈话中要多留时间和机会让他们发表意见。由于性格孤僻的人往往猜疑心较重，所以说话要注意方式和措词，观察对方的反应。

与性格孤僻者初步交往后，要积极引导他们多读些书，多了解些见闻，以开阔视野，树立正确的人生观、价值观，帮助他们学会如何与人交往，建立良好的人际关系，只有这样，才能使交往深入，友谊升华。

多引导对方参加集体活动，使之从个人的小圈子里释放出来，感受到与人交往的乐趣，感受到集体的温暖与快乐。与大家接触久了，心境开阔，心情开朗，才能更好地相处下去。

3. 与心胸狭窄者的交往艺术

心胸狭窄者往往容不下人，容不得事。遇到比自己强的人便心生嫉妒，遇到于己不利的事便记恨在心。

《三国演义》中的周瑜便是这样。他是东吴的都督，为了抵抗曹操百万大军的南下，与大丞相诸葛亮共商国计。周瑜见诸葛亮处处高出自己一筹，妒火中烧，屡次加害；诸葛亮则处处从联合抗敌的大局出发，不计个人荣辱得失，从而保证吴蜀的军事联盟，打败曹操83万大军，为自己事业的兴旺发达奠定了基础。

诸葛亮在与心胸狭窄者如何交往方面树立了典范。

首先，要有大度的气量。俗话说："宰相肚里能撑船。"与心胸狭窄者相处，要有宽大的胸怀，以此感染对方，不可与他斤斤计较。

但气量不是天生的，要靠个人的修养来养成。高尔基说："一个人追求的目标越高,他的能力就发展得越快。"诸葛亮之所以对周瑜的迫害毫不计较,因为他心系国家,胸有大志,以大局为重,不以个人恩怨得失处理国事,重大业而轻小侮。

其次,还要有忍让的精神。忍让,绝不是软弱,也不是毫无原则的迁就。它是胸怀宽广的表现,是目光远大的表现。周瑜之所以心胸狭窄,因为他"只见树木,不见森林",不能从全局出发,而只盯上诸葛亮比他强这一点。而诸葛亮"大人不计小人过",巧妙地同周瑜进行斗争,使他破坏联盟的计划无法实现。由此可见,心胸狭窄的人极容易错误地估计形势,错误地对待人和事。因此,对心胸狭窄的人发扬忍让精神,绝不意味着迁就他的错误。

 ## 说话要考虑对方的特征

话要因人而异,必须考虑几点因素:

听者的文化知识水平。文化知识水平不同,对说话的接受能力是不同的。比如要表述对社会嫉贤妒能现象的认识,听者为知识分子,可说"木秀于林,风必摧之;堆高于岸,流必湍之;行高于众,人必非之。"但这话就不能再照搬讲给文化水平不高的听众,而可以说"枪打出头鸟""出头的椽子先烂"这样的俗语,对方会更容易接受,讲话才会有效果,激励人同样如此。

听者的个性性格。对方性格外向,透明度高,可以多激励他,他会很自然地接受;如果对方比较内向、敏感、较严肃,你过多地激励他,会使其认为你很轻浮、浅薄。因此,在赞扬对方时要注意这一点。

听者的心理特点和情感需求。交谈双方各有欲望,要迎合

对方的需求讲激励的话。一个不喜欢淑女型、个性鲜明、男孩子气十足的女子，你夸她如果长发披肩、长裙摇曳，定会婀娜多姿，美丽迷人，她也许不会感激你，还有可能骂你多管闲事。如果了解她的心理，夸她短发看起来又精神又有活力，她一定会开心。

19世纪的维也纳，上层妇女喜欢戴一种筒高檐宽的帽子，她们进剧院看戏，仍然戴着帽子，挡住了后排人的视线，对剧院要求女客脱帽的规定她们不予理睬。剧院经理一日灵机一动，在台上说："女士们请注意，本剧院要求观众一般都要脱帽看戏，但是，年老一些的女士——请听清楚——年老一些的女士，可以不必脱帽。"此话一出，全场的女性全部自觉把帽子脱了下来：谁愿意承认自己年纪老呀！

这位聪明的经理正是利用了妇女们爱美爱年轻的心理特点和感情需求，使原先头痛的问题迎刃而解。

听者的性别特征。与不同性别的人讲话，应选择不同的方式。对体胖的女子，你说她又矮又胖，一定会令她反感；但你夸她一点不胖，只是丰满，她会得到几分心理安慰，不会因为自己胖而自卑。而对同样体型的男子，你说他矮胖子，他也许只是置之一笑。

听者的年龄特征。你若想打听对方的年龄，不同年龄要采取不同问法。对小孩子可以直接问："今年几岁了？"对老年人则要说："今年高寿？"对年龄相近的异性不可直接问，要试探着说："你好像没我大？"对年纪稍大的女性，年龄更是个"雷区"，问得不好讨人厌。一个40岁的中年女子，你开口道"快50了吧"，对方一定气愤不已，你小心地问"30出头了吧"，她一定会心花怒放，笑逐颜开。

听者的心境特征。俗话说：入门休问枯荣事，观看容颜便得知。在激励别人时，要学会察言观色。一个为事业废寝忘食的年轻人，便可以称他"以事业为重，有上进心"；一个为了债务焦头烂额,心绪不宁的企业家,你夸他"事业有成,春风得意",对方也许会认为你是在讲"风凉话",这种话便会起到适得其反的效果。

除了以上因素,还要考虑不同职业、不同宗教信仰等因素。列宁说:"对马车夫讲话应该不同于水手,对水手应该不同于对排字工讲话。"陈毅某次出访东南亚,一宗教界人士送他一尊菩萨,他见机谢道:"有了菩萨保佑,我更不怕帝国主义了。"这里陈毅借用宗教术语,显示了对宗教的尊重,对宗教界人士的谢意,有深意而不乏风趣幽默。

避开交流的七个误区

在和他人交流的过程中,我们常常会犯一些错误,这些错误很有可能影响我们在他人心目中的形象和看法,甚至会破坏我们辛辛苦苦建立起来的人际关系。

1. 套话太多

有些人喜欢在交谈中使用太多的或不必要的套话,这些套话一是无实际内容,二是空洞乏味,让人听起来极为不舒服。例如:

一些人喜欢什么地方都加上一句"自然啦"或"当然啦"一类词句;另一些人则喜欢加太多的"坦白地说""老实说"一类的套语;也有人喜欢老问别人"你明白了吗"或"你听清楚了吗";还有的人喜欢老说"你说是不是"或"你觉得怎么样",如此等等。像这一类毛病,你自己可能一点不觉得,要克服这类毛病,最好的办法是请你的朋友时刻提醒你。

2. 口齿不清

有些人谈话本来很好，但是在他们的言语之间掺上了许多无意义的杂音。他们的鼻子总是一哼一哼地响着，或者是喉咙里好像老是不畅通似的轻轻地咳着，要不就是在每句话开头用一个拖长的"唉"，像怕人听不清楚似的。这些毛病，只要自己有决心，是可以改掉的。

3. 把谚语挂在嘴边

谚语本来是诙谐而有说服力的话，但谚语太多也不好。用谚语太多，往往会给别人造成油腔滑调、哗众取宠的感觉，不仅无助于增强说服力，反而使听者觉得反感。谚语只有在恰当的地方才能使谈话生动有力。在使用谚语时，我们应尽可能使其恰当而有必要。

4. 滥用流行的字句

有些人为了表示自己超前，往往把某些流行的字句，不加选择地乱用一番。例如，"××王"这个词就被滥用了，什么东西都牵强加上"王"，如"短信王""原声王"……这"王"那"王"，使人莫名其妙，不知所云。

5. 老用一个词

有些人不知是因为偷懒，不肯开动脑筋找更恰当的字眼，还是有其他方面的原因，特别喜欢用一个字或词来表达各种各样的意思，不管这个字或词本身是否有那么多的含义。

例如，许多人喜欢用"伟大"这个词。在他的言谈中，什么东西都伟大起来了。"你真太伟大了""这盆花太伟大了""今天吃一餐伟大的午饭""这批货物卖了一个伟大的价钱"，等等，给别人一种华而不实的印象。因此，我们要尽可能地多记一些词汇，使自己的表达尽可能准确而又多样化。

6. 说话琐碎

许多人在谈话过程中琐碎得令人讨厌。例如，讲述自己的经历本来是最容易讲得生动、精彩的，很多人也喜欢听别人讲其亲身经历。但是，许多人讲自己经历的时候，一味地不分主次地平铺直叙，觉得自己所经历的，样样都有味道，都有讲一讲的必要，结果反而使听者茫然无头绪，杂乱无章，索然无味。讲经历或故事，要善于抓重点，善于了解听者的兴趣放在哪一点上，少用对话。在重要的关节上讲得尽可能详细一些。其他地方，用一两句话交代过去就算了。

7. 夸大事实

夸张的手法有一种引人注意的效果。不过，我们不能把夸张的手法用得太过分，否则，别人就不会相信你的话。在现实生活中，不可能每次说的都是"非常重要"的消息，也不可能每次都讲"最动人的"故事、"最可笑的"笑话，因此，不要到处用"非常""最""极"等字眼，否则，当你在无数的"最"中有一个真正的"最"时，又怎样表示呢？难道你能说"这件事对我是最最重要的"吗？如果你真这样说，别人听了也会无动于衷，因为他们认为你是一向喜欢夸大的人。

除了上述七点之外，我们还应该注意自己在谈话中的声调、手势、面部表情等方面，努力使各个方面协调、得体。这样，我们就能大大增强自己说话的吸引力。

学会进行点滴"渗透"

想要让对方同意你的意见,第一点就是要设法先了解对方的想法与凭据来源。曾经有一位很优秀的管理者说:"假如客户很会说话,那么我就有希望成功地说服对方,因对方已讲了七成话,而我们只要说三成话就够了。"事实上,我们大多数人为了要说服对方,就精神十足地拼命说,说完了七成,只留下三成让客户"反驳"。这样如何能顺利圆满地说服对方?因此,应尽量将原来说话的立场改变成听话的角色,去了解对方的想法、意见,以及其想法的来源或凭据,这才是最重要的。

其次,可以采取接受对方的想法,同时也让对方接受你的想法的方法。

如果对方反对你的新提议,是因为他仍对自己原来的想法保持不舍的态度,且他的看法尚有可取之处,那么此时最好的办法,就是先接受他的想法,站在对方的立场想问题,最好能说出对方想讲的话。为什么要这样做呢?因为当一个人的想法遭到别人一无是处的否决时,极可能为了维持尊严或咽不下这口气,反而变得更倔强地坚持己见,排拒反对者的新建议。若是说服别人沦落到这地步,成功的希望就不大了。

有这样一个例子,某家用电器公司的推销员挨家挨户推销洗衣机,当他到一户人家里,看见这户人家的太太正在用洗衣机洗衣服,就忙说:

"唉呀。这台洗衣机太旧了,用旧洗衣机是很费时间的,太太,该换新的啦……"

结果,不等这位推销员说完,这位太太马上产生反感,驳斥道：

"你在说什么啊。这台洗衣机很耐用的，到现在都没有故障，新的也不见得好到哪儿去，我才不换新的呢。"

过了几天，又有一名推销员来拜访。他说：

"这是令人怀念的旧洗衣机，因为很耐用，所以对太太有很大的帮助。"

这位推销员先站在这位太太的立场上说出她心里想说的话，使得这位太太非常高兴。于是她说：

"是啊。这倒是真的。我家这部洗衣机确实已经用了很久，是太旧了点，我倒想换台新的洗衣机。"于是推销员马上拿出预先准备好的宣传小册子，提供给她作为参考。

这种推销说服技巧，确实大有帮助，因为这位太太已产生购买新洗衣机的决心。至于推销员是否能说服成功，无疑是可以肯定的，只不过是时间长短的问题了。

善于观察与利用对方的微妙心理，是帮助自己提出意见并说服别人的要素。一般来说，被说服者之所以感到忧虑，主要是怕"同意"之后，会不会发生意想不到的后果；如果你能洞悉他们的心理症结，并加以防备，他们还有不答应的理由吗？至于令对方感到不安或忧虑的一些问题，要事先想好解决之法，以及说明的方法，一旦对方提出问题，可以马上说明。如果你的准备不够充分，讲话时模棱两可，就会令人感到不安。所以，你应事先预想一个引起对方可能考虑的问题，此外，还应准备充分的资料，给客户提供方便，这是相当重要的。

有时，虽然满腹的计划，但在向对方说明时，如果对方无法完全了解其内容，他可能马上加以否定。另外还有一种情形，对方不知我们说什么，却已先采取拒绝的态度，摆出一副不会被说服的模样；或者眼光短窄，不愿倾听。如果遇到以上几种情形，一定要耐心地一项项按顺序加以说明。务求对方了解我们的真心实意，这是说服此种人要先解决的问题。对不能完全

把话说到别人心坎里

了解我们说服的内容者,千万不可意气用事,必须把自己新建议中的重要性及其优点,一下打入他的心中,让他确实明白。举一个例子加以说明,假如你说服别人,第一次不被接受时,千万不可意气用事地说:"说了也是白说。"

第十章 幽默会让你到处受欢迎

　　幽默的语言人人都爱听,幽默的人到处受欢迎。幽默可让语言更加生动,让沟通更加容易,让个人更有魅力,可让他人在不知不觉中接受你,让你更具影响力和凝聚力,让你在和初识者的交往中不知不觉赢得好的印象。

 幽默能够拉近人的距离

友善的幽默能表达人与人之间的真诚友爱,能沟通心灵,拉近人与人之间的距离,填平人与人之间的鸿沟,是有望和他人建立良好关系的不可缺少的东西。

特别当一个人要表达内心的不满时,如果能使用幽默的语言,别人听起来会顺耳一些。当一个人需要把别人的态度从否定改变到肯定时,幽默具有很强的说服力。

当一个人和他人关系紧张时,即使在一触即发的关键时刻,幽默也可以使彼此从容地摆脱不愉快的窘境或消除矛盾。

一天,英国著名的文学家萧伯纳在街上行走,被一个骑自行车的冒失鬼撞倒在地,幸好没有受伤,只虚惊一场。骑车的人急忙扶起他,连连道歉,可是萧伯纳却惋惜地说:"你的运气不佳,先生,你如果把我撞死了,你就可以名扬四海了。"萧伯纳的这一句妙语,把他和肇事者双方从不愉快的、紧张的窘境中解放出来,使这场事故得到友好的处理。萧伯纳的幽默不仅给对方留下了难忘的印象,又给人以友爱和宽容。

又有一次,萧伯纳的脊椎骨有病,去医院检查。医生对萧伯纳说:"有一个办法,从你身上其他部位取下一块骨头来代替那块坏了的脊椎骨。"又说:"这手术很困难,我们从来没有做过。"很明显,医生的意思是这次手术所要收取的费用不同一般。如果萧伯纳与医生争论,或表示不满、失望,将会和医生处于对立的局面。而对立的结果,会给双方带来难堪,也会影响双方合作和治疗效果。但是,萧伯纳听了医生的介绍后,淡淡地一笑说:"好呀。不过请告诉我,你们打算付给我多少

手术试验费?"一个很棘手的问题,被萧伯纳处理得极其巧妙,避免了不愉快的争执。

如果说语言是心灵的桥梁,那么幽默便是桥上行驶最快的列车,它穿梭在此岸与彼岸之间,时而鲜明时而隐晦地表达着某种心意,并以最快捷的方式直抵人的心灵。如上述故事中,萧伯纳说:"好呀。不过请告诉我,你们打算付给我多少手术试验费?"医生听后自然会明白萧伯纳在心里给他的答案。

 ## 幽默让沟通更为畅通

一位名叫约翰的病人问医生:"我能活到90岁吗?"
医生检查了约翰的身体后,问道:"你今年多大啦?"
约翰说:"40岁。"
"你有什么嗜好吗?比如说,喜欢饮酒、吸烟、赌钱、女人,或者其他的嗜好?"
"我最恨吸烟、喝酒,更讨厌女人。"
"天哪,那你还要活到90岁干什么?"

本来读者的期待是戒绝烟、酒、女人能得到肯定的评价,其结果不但相反,而且把这一切当成了生命的全部意义,否定了这一切,就否定了活到90岁的价值,那就是这一切的价值高于长命的价值。

有一次,萧伯纳收到英国著名女舞蹈家邓肯的一封热情洋溢的信。

信中说,如果他俩结合,生个孩子,那对后代将是好事,"孩子有你那样的脑袋和我这样的身体,那将多么美妙啊!"

在回信中,萧伯纳表示受宠若惊,但他不能接受这样的好意。他说:

"那个孩子的运气可能不那么好。如果他有我这样的身体和你那样的脑袋,那可就糟透了。"

萧伯纳成功地运用了"反向求因"法。他向反面钻空子,把哪怕是极其微小的、巧合的可能性当成立论的出发点,构成对方期待的落空。在这里,萧伯纳幽默的特点是把自我调侃和讽喻他人巧妙地结合在一起了。

在沟通系统中,幽默艺术的运用效果不仅在于能够松弛紧张气氛、消除敌意,而且还能打开我们与别人的沟通渠道,让我们明白如何清晰沟通,提醒我们防止这渠道阻塞。

当我们不去倾听他人谈话时,这渠道就阻塞了。有时心不在焉,听进一半的话常常使我们困惑不已。还有,当我们口里说的和行动的表现给人不一致的感觉时,沟通也无法正常进行。

一位交通警察在指挥交通时,阻止一位驾车驰过他身旁的老太太。

他问:"夫人,难道你没有看见我的手举起来吗?你不知道这表示什么意思吗?"

"当然知道,"她回答说,"我在小学教了40年了。"

秘书连连犯错,老板不经意地问:"你在恋爱吗?"

"当然不是!"她回答,"我已结婚了。"

幽默的艺术在沟通系统中可以用来帮助人们记住事情,接受一些人生的经验。

在百货公司里有一个小女孩走失了,她的母亲到经理那里去求助。经理正要采取行动时,她听到女儿在叫:"爱莲!爱莲!"

于是母女快乐地重逢。当母亲拥抱并吻了女儿之后,向女儿说:"你刚才为什么叫妈妈的名字'爱莲'?为什么不叫'妈妈'呢?"

小女儿回答说:"这里有那么多妈妈,人家听了怎么知道我在叫哪个妈妈呢?"

把你所要表达的信息人格化,就像那个女孩一样,用正确的方式直接指向某一个人或某些人。只有这样,你想要表达的信息才会容易被他人记住。

幽默常以一般人熟悉的艺术形式来表现。于是我们一听到这些熟悉的艺术形式,就会产生微笑或哈哈大笑的反应。我们先看看"什么是失败者"的趣味答案。

他是个失败者,上午9点15分他向老板要求加薪,9点16分他要求老板帮他写推荐函。

失败者就是一个花1000美元买了一块墓地之后,却落到海里淹死的人。

有一个胖子在海滩上伸直了身子进行日光浴,小孩跑来在他的肚子上画画写字。他到动物园去,孩子们拿花生米喂他,害得他赶紧叫来一辆救护车和一部起重机。

"好消息与坏消息"的妙语也可以利用幽默的艺术表达信息。

好消息!调查显示:大学女生认为中年男士最具吸引力。坏消息!她们认为中年是指32岁。

精神医生告诉病人一个好消息:"你没有自卑情绪。"最后是坏消息:"你很自卑。"

"好坏消息都有。"妻子对丈夫说,"好消息是你这几年来付的汽车保险费不会浪费掉了!"

我们所要表达的许多信息,也可以用另一种熟悉的幽默艺术形式来表达。例如你要说一个小镇有多小,就要说得可靠些。说你就从这么一个小镇来,以建立或虚构事实。

"我家乡的小镇,小到仅有一个十字路口,而且只有其中两个方向的路可以走到任何地方去。"

"我的家乡小到只消你打开后门,就出了镇外。"

"在我的家乡,我们穷到以为'隔天面包'是一种面包的牌子。"

这种形式有时也可用来开开朋友之间的玩笑。

"我们的足球教练真是铁硬,以至于他非用淋浴不可。为什么呢?因为他若泡进浴缸里,会将浴缸劈成两半。"

当你能在任何情况下都看到事情有趣的一面时，自然会产生幽默的念头来。

我们来看一个最平常的情况：

电梯中有一位乘客很紧张地问操作员："如果电缆断了，会怎样？我们会往上升还是掉下去？"

操作员回答："那就要看你过的是何种人生了。"

学生问："这里说如果我们用功读书，不抽烟、不喝酒、不找女孩子玩，就会活得长命。是真的吗？"

教授回答："除非有人去做，否则我们尚不确知。"

使别人愿意按照你的想法和建议去行事，是运用幽默艺术以适当表达你的想法的第三大步骤。前两大步骤——清晰沟通和帮助他人记得——能帮助你激发他人去行事。

"我来收订报费。"送报员说。

"好，"订户说，"订报费在那边草丛里，每天早上我总是从那儿捡起报纸。"

我们再来看一则有关误解的故事。

小詹妮对老师说："我不想吓唬人，不过我爸说，如果我的成绩再没有进步的话，就会有人要挨一顿揍了。"

我们平常同他人交流时，不可能犯这样的错误。因此调整目的，集中话语中的幽默力量，才能使人对你的话印象深刻。

迎合某人或某一群人的兴趣。赢得了别人的兴趣，就赢得了别人的合作。

 ## 幽默的开头让人容易接受

随着事业或工作上的人际关系日益复杂，迫切需要幽默力量的不断增长，这样你会摆脱许多不必要的麻烦。有的人在工

作场合一说话就感到紧张不安,其实这时如果你掌握了幽默的技巧,就可以摆脱不安了。只要有个诙谐的开头,再有个良好的线索,并且使其首尾相接,一气呵成,就没有什么值得紧张不安的了。当然,语言幽默说起来容易,做起来却很难,需要我们好好学习。

例如,有的人讲了一个多小时,大家都没有听懂他到底要说什么。其实,他只需要穿插一两个小小的幽默就可以比他一个小时讲的东西还要丰富。长篇大论并不比短小精悍、言之有物有价值。

说话要深刻有力,就要学会运用诙谐的力量。因为幽默能给人们留下亲切可敬的印象,从而使你的观点为人家所认同。

说话的开场白通常有两种方式,一种是速成式,就是要在开场时立刻抓住听者的注意力;另一种是缓慢式,也就是先让听者了解你要讲些什么,然后再进入正题。无论用哪种方式开始与人交谈,幽默诙谐的开场方式都能帮助你顺利地进入正题,从而在你与听者之间建立起成功的联系纽带,直到你的谈话结束。

其实之所以不断强调幽默在谈话中的重要性,是因为幽默会让听你说话的人喜欢上你。而只要他们喜欢上了你,无论你说什么,他们都会乐意听下去。

在言谈中,一些难以直说的观点往往可以通过开自己玩笑的方式表达出来。比如在谈到时间的重要性时你可以说:"记得在刚开始工作的时候,前辈们告诉我专心工作可以让我忘却一切烦恼,但直到最近我才发现这句话果然有效。"

这种把幽默的玩笑口吻用到自己身上,借以表达自己的观点的方式,就能和听者建立亲密的沟通关系。因为人的注意力是相对的、暂时的,因此在吸引对方注意力方面不能指望一劳永逸。一旦你说话变得平淡,听者就会感到乏味,注意力就难免要分散。因此,你在谈话中,要时时注意观察对方的反应,一旦意识到对方的注意力有所分散,就要努力把他拉回来。你可以改变一下话题,或者是换一下说话的方式,用一句俏皮话或一则笑话把对方的注意力再次集中到你的身上。

假如你正在讲有关季节性或周期性的问题,你可以插入一句这样的俏皮话:

"我发现,月亮满月的日子里犯罪率总是很高的。"这很好解释,因为小偷和强盗总是在这种时候看得更清楚嘛。

要知道,幽默的话语必须与你所说的内容相吻合,并使这个幽默成为你所要表达的内容之一。如果你突然所说的幽默故事与你所讲的内容毫无关系,那也只能让别人开心一下,对你所说的话的效果丝毫没有帮助。

幽默给人以从容不迫的气度,更是成熟、机智的象征。你不必为自己的言语贫乏而懊恼,掌握下列幽默方法,你也可以成为幽默专家。

当你叙述某件趣事的时候,不要急于显示结果,应当沉住气,要以独具特色的语气和带有戏剧性的情节显示幽默的力量,在最关键的一句话说出之前,应当给听众造成一种悬念。假如你迫不及待地把结果讲出来,或是通过表情与动作的变化显示出来,那就像饺子都破了一样,幽默便失去效力,只能让人扫兴。

当你说笑话时,每一次停顿,每一种特殊的语调,每一个相应的表情、手势和身体姿态,都应当有助于幽默力量的发挥,使它们成为幽默的标点。重要的词语应加以强调,利用重音和停顿等以声传意的技巧来促进听众的思考,加深听众的印象。不管你肚子里堆满了多少可乐的笑话和俏皮语言,你都不能为了体现你的幽默之处,而不加选择地一个劲儿地倒出来。语言的幽默风趣,一定要根据具体对象、具体情况和具体语境来加以运用,而不能使说出的话不合时宜。否则,不但收不到谈话所应有的效果，反而会招来麻烦，甚至伤害对方的感情，引起事端。因此，如果你现在有一个笑语，不管它有多么风趣，但是，如果它有可能会触及对方的某些隐痛或缺陷，那么，你还是做一下努力，把它咽到肚子里去，不说出为好。

幽默使人更具影响力

俄罗斯有一位著名的丑角演员尼古拉，在一次演出的幕间休息时，一个很傲慢的观众走到他的身边，讥讽地问道："丑角先生，观众对你非常欢迎吧？"

"还好。"

"要想在马戏班中受到欢迎，丑角是不是就必须具有一张看起来愚蠢而又丑陋的脸蛋呢？"

"确实如此，"尼古拉回答说，"如果我能有一张像先生您那样的脸蛋的话，我准能拿到双倍的薪水。"

傲慢的观众本想借此为难一下尼古拉，却反受到尼古拉巧妙而机智的还击。

人的幽默感是心智成熟、智能发达的标志，是建立在人对生活的公正、透彻的理解之上的。理解生活应当说是高层次的能力，在此基础上，才能形成更好地生活的能力。

通常从某种意义上说，培养自己的幽默感，也就是培养自己的处世、生存和创造的能力。有较强生活能力的人，通常也是一个有影响力和感染力的人。

一个人是否有影响力，在一定程度上取决于他是否具有幽默感，是否掌握了幽默的艺术。

歌德有一次出门旅行，走进一家饭馆，要了一杯酒。他先尝尝酒，然后往里面掺了点水。

旁边一张桌子坐着几个贵族大学生，也在那喝酒，他们个个兴致勃勃，吵吵嚷嚷，闹得不可开交。当他们看到邻座的歌德喝酒掺水，不禁哄然大笑。其中一个问道："亲爱的先生，请问你为什么把这么好的酒掺水呢？"

歌德回答说："光喝水使人变哑，池塘里的鱼儿就是明证；光喝酒使人变傻，在座的先生们就是明证；我不愿做这二者，所以把酒掺水喝。"

一个掌握了幽默艺术的人，他的幽默语言和行为会一传十、十传百，成倍地扩展。如果幽默的语言行为中有他的思想、观点，那么，就会有很多人来传播他的思想、观点。幽默的涟漪或效果一旦产生，你所要传达的信息也随即被他人接受。无论他人是反对还是支持，至少他已了解了你的想法，于是你的影响便由此而产生。

著名诗人惠特曼是一个富于幽默感的人，而且他的幽默常常具有攻击性。也许，正是这种富于攻击性的幽默，更增强了他的影响力。

有一次，惠特曼在一次大会上演讲，他的演讲尖锐、幽默，锋芒毕露，妙趣横生。

忽然有人喊道："您讲的笑话我不懂！"

"您莫非是长颈鹿！"惠特曼感叹道："只有长颈鹿才可能星期一浸湿的脚，到星期六才能感觉到！"

"我应当提醒你，惠特曼先生，"一个矮胖子挤到主席台前嚷道，"拿破仑有句名言：'从伟大到可笑，只有一步之差！'"

"不错，从伟大到可笑，只有一步之差。"他边说边用手指着自己和那个人。

幽默，是一门魅力无穷的艺术。幽默用它特有的魅力吸引着无数人，使他们为之倾倒。世界各国的人都以其特有的方式体现着他们的幽默智慧。

 灵活运用自嘲艺术

在社交中,自嘲作为一种工具,自有独特的功效。

喜剧演员潘长江曾说:"记者问我为什么能广受观众的欢迎,是不是自己有什么诀窍。我说,我最大的长处就是谦逊,你看,我什么时候自高自大过?"记者听了哈哈大笑。善于自嘲的人总能受到别人的欢迎。下面就是社交中自嘲最常表现出的功用:

(1)缓解紧张情绪

与人初次见面时,会感到紧张,这是很自然的。问题是,如果对初次见面考虑过多,紧张就会加重。为了避免这种情形的发生,将自己紧张甚至失败时的情形说出来,自我嘲笑一番,是一种可行的方法。例如,有人说:"你瞧!我一紧张就像酒精中毒一样,手不断地发抖,真没办法。"这么一说,手反而不抖了。

(2)显示自信,维护面子

有时你陷入难堪是由于自身的原因造成的,如外貌的缺陷、自身的缺点、言行的失误,等等。自信的人能较好地维护自尊,自卑的人往往陷入难堪。对影响自身形象的种种不足之处大胆巧妙地加以自嘲,能出人意料地展示你的自信,在迅速摆脱窘境的同时显示你潇洒不羁的交际魅力。如你"海拔不高",不妨说自己是体积小魅力大,浓缩的都是高科技;如丑陋的你找了一个美丽的她,不妨说"我很丑但我很温柔";即便你如刘墉一样背上扣个小罗锅,也不妨说你是背弯人不弓。如果你能结合具体的交际场合和语言环境,把自己的难堪巧妙地融进话题并引出富有教育启迪意义的道理,则更是妙不可言。

某老师普通话不过关,有一次上语文课,讲到某一问题要举例说明时,把"我有四个比方"说成了"我有四个屁放",一时教室里像炸开了锅,学生笑得不可收拾。老师灵机一动,吟出一首打油诗:"四个屁放,大出洋相,各位同学,莫学我样,早日练好普通话,年轻潇洒又漂亮。"

老师的机智幽默赢得了学生的热烈掌声。

(3)表示豁达,增加人情味

笑自己的长相,或笑自己做得不很漂亮的事情,会使我们变得较有人性,并给人一种和蔼可亲的感觉。

一次,陈毅到亲戚家过中秋节。进门就发现一本好书,便专心读起来,边读边用毛笔批点,主人几次催他去吃饭,他不去,主人就把糍粑和糖端来。他边读边吃,竟把糍粑伸到砚台蘸上墨汁直往嘴里送。亲戚们见了,捧腹大笑。他却说:"吃点墨水没关系,我正觉得自己肚子里墨水太少哩!"人们喜爱陈毅,难道和他的这种豁达、幽默的性格没有关系吗?

总之,在社交场合中,自嘲是不可多得的灵丹妙药,别的招不灵时,不妨拿自己来开涮,至少自己骂自己是安全的,除非你指桑骂槐,一般是不会讨人嫌的。智者的处世妙方便是:不论你想笑别人怎样,先笑你自己。

 **巧用幽默来增强感情**

如果我们足够幽默,足够风趣,我们就很可能让恋人陶醉在爱河之中。不过,对初相识的情人来说则要慎用幽默,因为,根据爱情心理学,此时女性最迫切需要的是男性的力感,因此,初交女友,幽默要注意把握分寸,只有"力感"的晕轮效应达到一定程度,双方关系足够密切后,再适当地使用幽默来增强

美感，才能取得较好的效果。例如：

一对恋人相爱很长时间，感情很深了。有一次，他们一同看话剧,第二幕还未开幕,男孩便一本正经地对女友说："别看了,咱们哪有时间等这么久。"女友感到很疑惑地说："精彩的还在后面,咱们又没有什么急事啊!"男孩指着字幕说："你看,那不是说第二幕在一年之后才演？"女友笑得前仰后合,轻轻捶打男孩。

但是，如果男女相识不久，第一次约会看戏的时候，也来这么一个幽默，对方一定以为那个男孩精神不正常，或者认为他太幼稚做作了。再如：

一对情人去买兔皮大衣，女方很喜欢那件黑色兔皮大衣，但担心它不能适应雨雪水，就问男友："它怕雨雪吗？"男的幽默回答："当然不怕，你看过哪个兔子下雨打伞？"一下子就把女方和售货员都逗笑了。售货员直对女孩夸他的男朋友聪明风趣，女孩感觉脸上很有面子，对男孩的感情更深了。

可是，若是男孩刚认识女方，这么一幽默，惹得大家都笑，她就可能误以为男子不够稳重、成熟，即使售货员一直夸奖男孩，她也会在内心里更加慎重考虑了。

处于热恋中的情人，也不可忘了不时利用幽默来给爱情加温。这时来点幽默，更能创造出轻松愉快，富于情趣的爱情生活。只要你挑动神经中的幽默这根弦，即可与你的恋人奏出一曲和谐的恋曲。

一次，一个小伙子从背后捂住了正在公园长椅上等他的恋人的眼睛，道："只允许你猜三次，若猜不中我是谁，我就吻你一下。"

你猜女孩怎么猜的？

她张口喊道："你是——张学友？梁朝伟？金城武？"

当然，在这方面的幽默故事还有很多。

数学家同女友在公园散步。女友问他："我满脸雀斑，你

-213-

真的不介意？"数学家温柔地说："绝不！我生来最爱和小数点打交道。"

然而，人生风云难测，爱情也不会一帆风顺。恋人情侣间也难免会有磕磕绊绊的时候，此时达观一些，逗逗乐子，干戈便可化为玉帛。

有一位历史学硕士生，在热恋之际，仍手不释卷地用功读书。女友不满地说道："但愿我也能变成一本书。"

硕士疑惑不解地问："为什么？"

"那样你就会没日没夜地把我捧在手上了。"女友说。

看到她满脸不快，硕士打趣地说："那可不行，要知道，我每看完一本书就要换新的……"

女友急了："那我就变成你书桌上的古汉语词典！"

说完，她自己也不禁噗嗤笑了。